游戏育儿百科

艾贝母婴研究中心◎编著

四川科学技术出版社

如何使用本书

本书紧紧抓住0~3岁宝宝大脑发育迅速这一宝贵时机，及时在各种敏感期内，为宝宝提供丰富、科学、适宜的刺激，促进其全面、协调地发展，为其终生发展和人生成功打下坚实的智力和非智力基础。

本书将0~3岁细分为7个阶段，根据每一个阶段宝宝的发育特点，及时在各种敏感期内，给予宝宝丰富、科学、适宜的刺激，全力提升宝宝的智商和情商。

清晰详细的游戏步骤，让家长一目了然。

同一年龄段的宝宝，发育水平是不一样的。对一些能力超前的宝宝，可以有选择地进行此类游戏，以使宝宝的优点更优。

为充分发挥游戏的功能，达到最佳的游戏效果，实现最优的早期教育的目的，早教专家给出了恰到好处的指导，事半功倍。

宝宝的教育不只是妈妈的事情，本书中许多游戏需要爸爸参与完成，爸爸参与早教更利于宝宝身心健康发展。

游戏目的多元化，同一个游戏，可以发展宝宝的多种能力，实用性强。

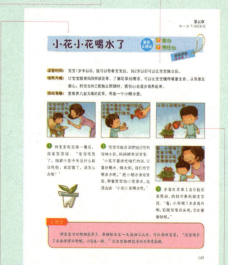

游戏内容涉及感觉、知觉、观察、记忆、数学、思维、语言、运动、音乐、美术、性格、习惯等方面，以培养全面、和谐发展的宝宝。

配有大量手绘插图，使游戏内容更加直观，操作性强。

书中的600多个游戏方案，出自有着10年幼教经验的一线工作者，科学性强。

丰富的素材，趣味性强，寓教于乐，向枯燥的说教说"拜拜"！

前言

　　游戏，是0~3岁宝宝认知世界的主要方式。他们通过游戏认知新事物，掌握新技能，从而在认知能力、思维能力、专注力、语言能力、运动能力等方面取得长足的进步。亲子游戏，是父母陪伴0~3岁宝宝的重要方式，良好的陪伴可以让宝宝获得充分的安全感，与父母形成健康的亲子依恋，完成健康人格的塑造。

　　鉴于游戏对0~3岁宝宝成长的促进作用，我们编写了本书。书中将0~3岁细分为7个阶段，针对宝宝各阶段的发育特点，设计了运动游戏、认知游戏、语言游戏、艺术类游戏、生活能力和性格培养等多方面的游戏，游戏设计简单，可操作性强，便于爸爸妈妈和宝宝共同完成，从而达到通过游戏来促进宝宝成长的目的。运动类游戏包含精细动作游戏和大动作游戏，能有效锻炼宝宝的精细动作能力和大动作能力以及身体协调性、平衡能力，全面提升宝宝的身体素质；认知类游戏可以提高宝宝的观察力、注意力，促进感知觉能力的发展；语言类游戏能促进宝宝听力和口头表达能力的发展，同时有助于宝宝思维能力的进步；艺术类游戏有助于宝宝艺术智能的培养；性格培养类游戏兼顾到各种优良品质，比如自信心、表现力、勇敢精神、开朗性格、快乐情绪、耐心、爱心等的培养。每种游戏前都有相应的早教解读，并为爸爸妈妈列出了在进行游戏早教时应注意的方式方法，让爸爸妈妈不但知其然，还知其所以然，操作起来更有目的性。

　　希望这本书能帮助爸爸妈妈为宝宝创造一个美好的童年，将游戏作为有效的育儿方式，用游戏和运动来促进宝宝的成长。

目录

第一章　0～3个月的游戏　①

游戏育儿百科

第三章　6～12个月的游戏

游戏育儿百科

第五章　18～24个月的游戏

游戏育儿百科

第六章　24～30个月的游戏　173

第七章　30～36个月的游戏　(211)

附录　(249)

第一章

0～3个月的游戏

早教指导：
让宝宝的安全感在游戏中建立起来

　　刚出生的宝宝几乎不会动，因此，他们是最没有能力保护自己的人群，不安全感自然就时时伴随着他们。对宝宝来说，最迫切的问题就是获得保护，建立起安全感。建立安全感最重要的是需求能够及时获得满足，除了吃饱、穿暖这两项基本生存要求，心理的满足和安全同样重要。这两点可以在游戏中获得，安全感也可以在游戏中建立。

　　建立宝宝的安全感，妈妈首先要做的是提高自己对宝宝的敏感度，能及时、准确地感觉到宝宝需要什么。但是，刚刚出生的小宝宝无法跟任何人互动，不能告诉妈妈自己需要什么，因此妈妈一定要善于观察、总结，发现宝宝喜欢什么、不喜欢什么，怎样才能让宝宝感到舒服、开心，怎样做宝宝会反感、烦躁等。只有这样，妈妈才能及时发现宝宝的需求并给予满足。

　　在这个阶段，妈妈是帮助宝宝建立安全感的绝对主角，可以多跟宝宝做游戏，可以逗弄、抚摸宝宝，跟宝宝说话，唱歌给宝宝听，等等。各种方法都试试，这样妈妈就能有效地让宝宝获得安全感。

　　不过，刚出生到3个月大的小宝宝需要大部分的时间睡觉。妈妈可千万不要只顾着玩游戏而忽略了小宝宝的这个基本需求，否则可是要惹恼他的，这对他的安全感的建立是有害无益的。

　　需要提醒妈妈的一点是，有些宝宝总是安安静静的，但这并不表示宝宝不需要妈妈了，只是宝宝天生不喜欢哭闹。事实上，这些宝宝可能比爱哭闹的宝宝更没有安全感，同样需要妈妈跟宝宝玩。妈妈不能"孩儿不哭，娘不管"。

脸对脸

游戏关键词 ☑ 安全感 ☑ 视力

游戏难度 ★★★★★

适宜时间： 每次宝宝睡醒、吃饱后都可以进行，每次5分钟左右。

培养目的： 刚出生的宝宝的视力、观察力、记忆力都较差。这个游戏可以让宝宝通过多次观察、记忆来熟悉妈妈的脸。熟悉是建立安全感的首要条件。

游戏准备： 妈妈情绪饱满、快乐，仪容干净整洁，不化浓妆，也不做奇怪、夸张的造型。

1 当宝宝吃饱喝足很安静的时候，将宝宝横抱起来（头部略高）。妈妈与宝宝脸对脸，并对宝宝微笑，引起宝宝的注意。

2 让宝宝躺在小床上，妈妈将脸慢慢凑近宝宝的脸，边凑近边观察宝宝的眼睛，看宝宝是否注意到了，最终停留在20～30厘米的距离处。只有在这个距离，宝宝才能看清妈妈的脸。

3 当宝宝注意到妈妈的脸之后，就对宝宝微笑，慢慢说话。妈妈可这样对宝宝说："宝宝吃饱了？""我是妈妈。""你要快快长大。"

小贴士

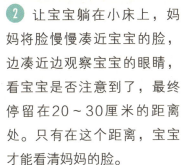

本阶段的宝宝醒来就哭闹大多数是因为饿了或尿湿了。做游戏前首先要喂饱宝宝或给宝宝换尿布，这样才能让宝宝感觉更安全。当宝宝注意力不集中时，可能是要睡觉了。此时，妈妈就不宜再打扰宝宝。

游戏育儿百科

我爱洗澡

 游戏关键词
☑ 安全感
☑ 触觉

 游戏难度
★★★★☆

适宜时间： 日常洗澡时间；注意室温；应在5分钟之内洗完。

培养目的： 洗澡时，水流的冲刷、毛巾和妈妈的手与宝宝皮肤的接触都可以让宝宝产生安全感。另外，洗澡本身就有促进健康的作用。

游戏准备： 干净的纯棉毛巾；婴儿澡盆以及适量清水，水温在36～38℃；一条大浴巾。

❶ 将脱了衣服的宝宝用大浴巾包裹，先做做按摩，并活动四肢，做好热身。其间可以跟宝宝说："洗澡喽！"

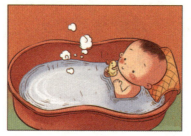

❷ 让宝宝的小屁股先接触水，慢慢坐进澡盆，让宝宝感受水的温度和触感，叫着宝宝的名字跟宝宝说话："小宝宝，洗澡澡，保持卫生身体好。"让宝宝感到安全。

❸ 洗澡从头开始，按照头、脸、脖子、胳膊、手、肚子、后背、屁股、腿脚的顺序洗完。还可以在水里放一些宝宝熟悉的小玩具，帮助宝宝放松。

❹ 洗完澡后要立即用纯棉毛巾擦干宝宝身上的水，然后用大浴巾包裹好宝宝，穿好衣服后可以顺便给宝宝剪剪指甲。

小·贴士

洗脸的时候应先擦擦眼睛，避免脏物感染眼睛，并且要用手捂住宝宝的耳廓，以免耳孔进水。

游泳健将 哟!

适宜时间： 每周1～2次，每次不超过10分钟。室温以26～28℃为宜，水温在36～38℃。

培养目的： 泡在水中会让宝宝感觉安全，对稳定情绪很有利。另外，游泳可锻炼宝宝的身体力量，也可使触觉变得灵敏。

游戏准备： 带宝宝到专业、正规的婴儿游泳场所。另外，还需准备游泳圈、大浴巾。

① 给宝宝脱去衣服，用大浴巾裹住，先给宝宝做做按摩，并活动四肢，做好热身。其间可以跟宝宝说："先热热身，宝宝马上就可以游泳了。"

② 将充好气并确定不会漏气的游泳圈套在宝宝脖子上，扣上扣子。边套边跟宝宝解释："小小游泳圈可以保证你的安全。"这样可解除宝宝在接触陌生事物时的紧张感。

③ 将套好游泳圈的宝宝抱到泳池边，撩些水到宝宝身上，让宝宝适应。边撩水边问："水凉不凉？舒服吗？"

④ 宝宝适应水温后，就把他放进游泳池。宝宝游泳时，妈妈可在一边叫宝宝："到妈妈这边来。"观察宝宝的反应。

小贴士

游泳圈要试大小，套好后，宝宝脖子和游泳圈之间的间隙能插入大人的一个手指较合适。另外，宝宝若出现不耐烦或哭闹等异常，要马上停止游泳。

抚触操

哈哈!

游戏
关键词

☑ 安全感
☑ 触觉

游戏难度
★★★★★

适宜时间: 每天洗澡后做抚触,每次10～20分钟。

培养目的: 抚触操可以为宝宝带来满足感和安全感,促进宝宝脑细胞和神经系统的发育。

游戏准备: 把一条小毛毯铺在床边,在手上倒润肤油并相互揉搓使双手温暖。

① 洗完澡后,将宝宝放在毛毯上,用愉快的语气说:"开始抚触了,舒服一下吧!"

④ 一手放在宝宝胸部右下侧,开始滑动,画一个"U"形,到达宝宝胸部左下侧,同时问问宝宝:"舒服不舒服?"

② 两只大拇指指腹从宝宝的前额中央沿着眉骨向两侧滑动,滑到太阳穴轻按一下;再从下颌中央向外、向上滑动,将宝宝的嘴角轻轻向上提拉呈微笑状,同时说:"宝宝笑了!"最后用两手掌心贴着宝宝前额,由发际线中央向后、向上滑动至后发际线,再绕回耳垂后。

⑤ 用手从宝宝肩部向掌端轻轻挤捏,再用两拇指指腹从宝宝的掌根部向指尖轻轻推进抚触手掌,用拇指和食指逐个提拉宝宝的手指关节,双下肢用同样手

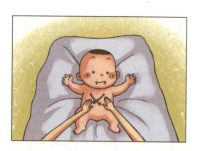

③ 两手掌分别贴着宝宝的胸下部两侧,分别向对侧的外下侧滑动,画一个"X"字。

小·贴士

抚触时室温最好控制在24～26℃,动作一定要轻柔。在抚触过程中要注意和宝宝的情感交流,让宝宝感受满满的爱意。

法做抚触。

早教指导：
保护嗅觉和味觉能力

　　嗅觉是宝宝天生就具备的能力，出生1周后，宝宝就能凭借鼻子准确找到妈妈的乳头。而味觉能力早在胎儿时期就表现了出来——有相关研究证实，当宝宝还是胎儿时，妈妈吃了甜食之后，宝宝就会加快吞咽羊水的速度；妈妈吃了苦味或酸味食物后，宝宝就会减慢吞咽速度，这表示宝宝在胎儿期就已经有了味觉偏好。

　　宝宝的嗅觉和味觉这两种能力在婴儿期都比较出色，无论是用鼻子还是用嘴巴，都能准确区分出妈妈身上的味道和别人的不同，如果在婴儿期能有意识地保护这两种能力不受伤害，并增加适当的训练，宝宝长大后的嗅觉和味觉就可能会超出常人。一个拥有超常嗅觉和味觉的人，可能会成为一个杰出的厨师、美食品鉴师哦。

　　为此，妈妈可以做以下几件事来保护并发展宝宝的嗅觉和味觉：

　　1. 为宝宝提供成人常能接触到的气味和味道，并告诉宝宝这是一种什么气味或味道。

　　2. 不拒绝宝宝任何用嘴尝试的行为，比如当宝宝把手放在嘴巴里时，在不存在卫生问题时都不必阻止。

　　3. 不要让宝宝接触特别刺激的气味或味道，比如特别酸、特别辣等刺激性强的东西。

鼻子醒醒 哈哈!

适宜时间： 出生2周后，隔几周玩1次，选宝宝情绪好的时候玩。

培养目的： 让宝宝熟悉各种气味和味道，逐渐培养宝宝对不同气味和味道的敏感性，并把味道和表情联系起来。

游戏准备： 稀释后的醋，小瓶子。

1 把稀释后的醋倒进小瓶子里，妈妈拿起醋瓶子，对宝宝晃一晃，引起宝宝的注意。

好酸啊!

2 妈妈将醋瓶子放到自己的鼻子下闻闻，说："鼻子醒醒。"然后根据气味带来的感觉做出表情和动作，比如吧唧嘴和皱眉，同时说："好酸啊!"

宝宝的鼻子醒醒，闻闻什么味道?

3 妈妈将醋瓶子放到宝宝的鼻子下，跟宝宝说："宝宝的鼻子醒醒，闻闻什么味道?"感觉宝宝已经闻到味道了，就告诉宝宝："酸。"

酸，口水都流出来了。

4 宝宝闻味时，要认真观察宝宝的表情，妈妈可以看到宝宝做出抗拒或喜欢的样子。这时妈妈可以解释说："酸，口水都流出来了。"解释的时候也给出合理的表情，让宝宝更容易理解这种味道带来的感觉。

小·贴士

不要强迫宝宝闻宝宝已经表示不喜欢的味道。另外，游戏不能玩得太频繁，以免引起宝宝的反感。

五味俱全 哈哈！

☑ 味觉能力
☑ 想象力

游戏难度

适宜时间： 出生2周以后，宝宝心情好的时候，隔几周玩1次。

培养目的： 通过刺激宝宝的味蕾，开发宝宝的味觉，训练他的味觉识别能力。另外结合嗅觉与动作，不仅能加强宝宝对味道的感知，还能帮助他发展想象力。

游戏准备： 橘子，糖水，稀释的鲜榨果汁、醋和苦瓜汁等有味道的东西。

① 先把橘子放到宝宝鼻子下让宝宝闻闻，看看宝宝的表情有什么变化。

② 给宝宝闻过后，妈妈也闻一闻，然后自己做出相应的表情，比如闻到甜味，就点头并微笑，闻到苦味就摇头、摆手并做出皱眉、伸舌头等动作，表示很痛苦。

③ 用婴儿勺蘸一点糖水、稀释的鲜榨果汁让宝宝舔舔，观察宝宝的表情，看到宝宝脸上露出愉悦的笑容时，妈妈就说："宝宝笑了，宝宝喜欢这个味道，妈妈也尝尝。"尝过之后露出跟宝宝一样的表情。

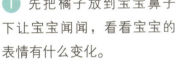

真难吃！

④ 再蘸一点稀释的苦瓜汁、醋给宝宝品尝，当宝宝露出厌恶或委屈的表情时，妈妈就说："宝宝不喜欢这个味道，妈妈也尝尝。"尝过后就伸伸舌头说："啊，真难吃！怪不得宝宝不喜欢。"

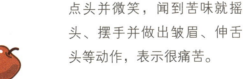

小贴士

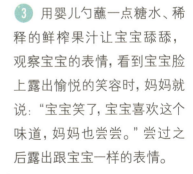

酱油等含钠量高的调料和食物都不能给此阶段的宝宝尝试，以免伤害肾脏。

赏花闻香

游戏关键词
☑ 嗅觉能力
☑ 语言能力

游戏难度
★☆☆☆☆

适宜时间： 满月后，只要宝宝睡醒了都可以玩。

培养目的： 花香之间的差异很微妙，经常嗅闻不同的花香可以让宝宝的嗅觉更发达。

游戏准备： 在家里养些气味芬芳的花草如茉莉花、栀子花、玫瑰或薰衣草等，也可以抱着宝宝到公园、花店去欣赏。

1 带着宝宝到阳台上看看花，妈妈俯身使劲吸鼻子，让宝宝注意到。可跟宝宝说："看，这是妈妈养的花，都很香的哦。"

2 让宝宝的脸凑近花，让宝宝也闻闻，不管宝宝有没有做吸鼻子的动作，花香都会让宝宝感觉愉悦，妈妈可以观察宝宝脸上的表情是否有变化。跟宝宝描述这些花香："玫瑰的香味甜甜的，茉莉花很清新……"让宝宝熟悉这些描述味道的词。

3 带宝宝到花店里买束鲜花，回家的路上宝宝就会被花香包围，可以增强宝宝对这种味道的记忆。

小·贴士

　　有些花有刺，有些花有微毒，赏花的时候要注意别让宝宝用手去抓，更要提防宝宝抓到后吃进嘴里。另外，有些宝宝对某些花草过敏，妈妈要注意观察，如果出现过敏反应，在近期就要避免再接触此类花草。

啊，什么味道

游戏关键词
☑ 嗅觉能力
☑ 因果关系认知

游戏难度
★★★★★

适宜时间： 满月后，当远处飘来香味时，只要宝宝醒着就可以做这个游戏。

培养目的： 通过鼻子发现味道，并顺着味道找到发出该种味道的食物，不仅能发展宝宝的嗅觉能力，还能锻炼宝宝对事物因果关系的认知。

游戏准备： 把宝宝带到看不见发出这种味道的食物的地方。

好香啊！

不是这里发出的味道。

啊，原来是这里的味道。

1 妈妈带着宝宝在房间里，爸爸在厨房里炒菜，闻到厨房里的饭菜的香味后，妈妈就用吃惊的语气问宝宝："啊，什么味道？好香啊！我们去看看。"

2 妈妈抱着宝宝在房间里各处走走，闻闻，说："不是这里发出的味道。"

3 最后，来到厨房门口，妈妈猛然把门打开，立刻用夸张的语气说："啊，原来是这里的味道。爸爸在炒菜呢。这是炒芹菜的香味。"

4 抱着宝宝走近一点闻一闻，但是一定要远离炒锅，让宝宝更确定味道是炒菜散发出来的。

小贴士

生活中的气味非常丰富，发展宝宝的嗅觉不能只让他闻香的、美好的味道，而是所有能接触到的味道都应该闻，比如柠檬的酸味、臭豆腐干的臭味、中药的苦味，等等，妈妈都可以让宝宝闻闻，辨别一下是什么味道。

早教指导：
发展视觉能力

　　宝宝还是一个胎儿时就已经具备视觉能力，只是还比较低微，新生儿也只能看到距离不超过30厘米、45°角以内的事物，需要在以后的日子里继续发育、发展，逐渐学会由近及远、由个别到全面、由一个物体转移到另一个物体等这些在大人看来非常简单的本领。如果父母做得好，训练适当，宝宝将来的视觉就会很灵敏。

　　首先，要让宝宝的眼睛接受尽量多的良性刺激，如果妈妈没有精力跟宝宝做视觉游戏，就要多抱着宝宝走走、看看，不能经常让宝宝躺着。

　　其次，不能给宝宝的眼睛过于强烈的刺激，比如让宝宝的眼睛正视明亮的手电筒或者被太阳直射等，房间内的光线也不宜太过强烈。

　　再次，不要过早给宝宝看复杂的图形或纷繁的色彩，选择书籍、画片时以颜色种类少、色彩纯正、主题单一的为好，另外房间的色彩不能太杂乱。

　　最后需要注意的一点是，有研究表明，在视觉发展的关键期，也就是出生后半年到5岁左右这段时间，如果宝宝的眼睛较长时间不使用，可能会导致视神经萎缩而失明，因此，如果宝宝有眼疾需要治疗，妈妈要注意连续蒙纱布的时间不能太长。

黑白格

 哈哈！

 游戏关键词

☑ 视觉能力
☑ 色彩认知

游戏难度 ★★★★

适宜时间： 宝宝出生2周后，隔2～3天玩1次，每次5～10分钟。

培养目的： 这个时期的宝宝偏爱明暗对比鲜明的黑白格，妈妈可以多给宝宝看看黑白格卡片等，促进宝宝的视觉发育。

游戏准备： 黑白格卡片。

1 在距离宝宝30厘米左右的地方，轻柔地呼唤宝宝："宝宝，看这里，看妈妈。"吸引宝宝的注意。

2 当宝宝专注地看着妈妈时，妈妈应给予宝宝同样的注视，同时和宝宝对话，说什么都可以，宝宝喜欢这样的感情交流。

3 将一张黑白格卡片和其他颜色的卡片叠在一起，放到宝宝的眼前，然后一张一张地翻过，观察宝宝的表情，妈妈会发现当翻到黑白格卡片的时候，宝宝的表情明显兴奋起来，这时妈妈可以说："这是黑白格，原来宝宝喜欢黑白格。"

4 把黑白格卡片和其他卡片握在手中呈扇形排列，看看宝宝的眼睛是不是对黑白格特别关注，将这张黑白格卡片抽出来，看他的眼睛会不会跟着妈妈的手动。

小·贴士

宝宝长到两岁以后，就开始能够注意到别的颜色了，做色彩游戏时要适当增加颜色种类。

游戏育儿百科

模仿秀

哟!

游戏关键词
☑ 视觉能力
☑ 模仿能力

游戏难度
★☆☆☆☆

适宜时间： 宝宝出生2周后，刚睡醒时玩，每次玩5分钟。

培养目的： 这个游戏可刺激宝宝的视觉神经发育，也能增强宝宝的模仿能力。出生大约2周后，宝宝就能模仿妈妈的面部表情了。

游戏准备： 想好要做的表情，不能太可怕。

① 让宝宝平躺在床上，妈妈脸对着宝宝，距离大约30厘米，跟宝宝说："宝宝，我们来场模仿秀吧。你要学做妈妈的表情哦。"

② 妈妈说一个动作，比如"伸舌头"，接着就慢慢伸出舌头，伸到自己的能力极限停留几秒钟。

③ 接着妈妈慢慢让舌头缩回口腔，然后重重的闭上嘴巴，跟宝宝说："舌头缩回去了。"反复伸缩几次，观察宝宝是不是目不转睛盯着妈妈看，嘴巴是不是也会嚅动，像要模仿一样。

④ 每次模仿秀选择一种动作，重复几次为好，张嘴、闭嘴、眨眼、微笑等动作可以连续做。

小·贴士

表情模仿时，妈妈做的表情应尽量简单，双眼要注视宝宝，积极向宝宝传递信息，动作可多次重复，便于宝宝模仿。

手指偶表演 哈哈!

游戏
关键词
☑ 视觉能力
☑ 图形认知

游戏难度
★★★★★

适宜时间： 宝宝2个月时，只要醒着且情绪稳定就可以玩，每次10分钟。

培养目的： 颜色艳丽、造型简单，还能做简单动作的指偶正好适合2~3个月孩子的视觉接受能力，对促进宝宝的视觉发展有很积极的作用。

游戏准备： 色彩鲜艳的手指偶。

1 让宝宝躺在床上，上身用枕头、被子等稍稍垫高，让宝宝呈斜躺着的姿势。

2 妈妈把手指偶套在手指上，慢慢移动手指，进入宝宝的视线后停下来，让宝宝看清楚。

你好！我是小狗旺旺！

3 当宝宝盯着妈妈的手指看，就可以开始介绍指偶了，比如说："你好！我是小狗旺旺！"说到小狗的时候，戴着小狗指偶的手指就朝宝宝弯一下，像对宝宝鞠躬一样。依次介绍其他指偶。

4 游戏结束的时候，让每个指偶都跟宝宝说再见，比如："小狗旺旺要回家了，宝宝再见。"把小狗的指偶摘下来。

小贴士

妈妈也可以自制手指偶：将硬彩纸剪成长方形，画上脸孔，卷成手指粗的圆柱，用胶水等固定即成。

游戏育儿百科

树叶摇啊摇

游戏关键词
☑ 视觉能力
☑ 精细动作能力

游戏难度
★★★★

适宜时间： 宝宝2个月后，随时都可以玩，在家里或外出散步时都没问题。

培养目的： 摇晃的树叶吸引宝宝追视，可让视力更敏锐，而且宝宝禁不住会伸手去抓，还可促进宝宝精细动作能力的发展。

游戏准备： 采几片颜色鲜亮的树叶，用透明胶带把树叶的叶柄绑在一起，成一把小扇子。

① 将树叶扇拿在手里，从宝宝的头顶移到眼前，让宝宝突然看到树叶扇，观察他会不会露出惊奇的神色。

② 用手摇动树叶扇，让它在宝宝的眼前晃动起来，树叶摇动的同时，对宝宝说："树叶摇起来了。树叶摇啊摇，树叶摇啊摇。"

③ 将树叶扇接近宝宝的手，甚至可以触碰到宝宝的手，跟宝宝说："树叶落到宝宝手上了，快快抓住它。"逗引宝宝伸手来抓。

④ 把树叶扇吊在婴儿车上，带着宝宝外出，随着车的行进，树叶会晃动，或者一阵风吹来，树叶也会摇动，都可以让宝宝盯着看很久。

小贴士

如果宝宝已经会抓东西，不玩游戏的时候一定要把树叶放在远离宝宝的地方。另外，绑在婴儿车或婴儿床上的玩具要经常更换位置，以免宝宝长时间盯着同一个方位形成斜视。

早教指导：
提高宝宝听觉能力

宝宝的听觉系统在出生时比视觉系统要完善得多，妈妈仔细观察，可以看出小宝宝会对外界声音做出各种反应，比如惊跳、瞬目、吸吮、呼吸节律改变等。但能听到声音，只是听觉能力发展的第一步，对宝宝来说还远远不够。宝宝需要从听到声音发展到注意声音、寻找声音、辨别声音等高级阶段才算基本完成听觉的发育。完善后的听觉能力当然是越灵敏越好，而是否灵敏取决于父母的保护和训练是否适当。

首先，妈妈要认真保护宝宝的耳朵，避免耳朵疾患，最关键的是要做到以下两点：①避免中耳炎。妈妈要经常观察宝宝的耳朵，看是否有异常，比如是否有黄水流出。另外，给宝宝洗澡、洗脸的时候，要注意不能让水流入耳朵，如果流入要及时用棉签轻轻擦干。还有，耳朵有自洁功能，不要给宝宝掏耳朵，以免导致划伤、感染。②别让宝宝听巨大的声音，比如鞭炮炸响，鞭炮炸响时很容易损伤宝宝的鼓膜，从而伤害听力。

其次，让宝宝接触各种各样的声音，包括生活中、大自然中的各种声音。接触的声音够丰富，宝宝的听觉才够敏锐。

再次，多跟宝宝说话。因为听觉能力不仅是让宝宝听到外界的声音，还对宝宝的语言系统发育起着决定性的作用，所以用语言强化宝宝的听力是必不可少的。妈妈要经常跟宝宝说话，并且语气、语速、语调要多变，这样才能充分刺激宝宝的听觉系统。

游戏育儿百科

听声辨位

 游戏关键词
- ☑ 听觉能力
- ☑ 因果关系

 游戏难度
★★★★★

适宜时间： 2个月后，宝宝醒着时就可以玩，每次10分钟。

培养目的： 让宝宝听到声音，然后寻找声音发源地，可以锻炼听觉能力，让耳朵更灵敏。

游戏准备： 小摇铃。

❶ 妈妈与宝宝面对面，把小摇铃放在距离宝宝头顶10厘米左右的地方摇响，问问宝宝："小摇铃在哪里响呢？"观察宝宝是否注意到声音了。

❷ 宝宝注意到声音以后，妈妈就拿着小摇铃经过宝宝的头顶，缓缓拿到宝宝的眼前再次摇响，告诉宝宝："哦，原来摇铃在这里响呢。"接着在宝宝的眼前再摇响几次。

❸ 妈妈将小摇铃再分别放到宝宝的左耳边、右耳边10厘米处或者脚边、手边摇响，重复问宝宝："摇铃在哪里响呢？"然后每次都缓缓拿出，拿到宝宝眼前，让宝宝看到摇铃来的方向，从而明白声音的方位。

小贴士

宝宝的听觉系统很脆弱，玩游戏时声音不能太大，发声玩具一定要与宝宝保持一段距离。

18

纸筒传话

适宜时间： 宝宝满月后，只要睡醒了，随时可以玩，每次不要超过10分钟。

培养目的： 将声音定向传入宝宝的耳朵中，宝宝会发现单只耳朵也能听到声音这个事实。该游戏具备一定的神秘性，可以让宝宝集中注意力。

游戏准备： 1个硬纸筒。

看我拿着什么？

宝宝，听到了吗？

宝宝有什么话要对妈妈说吗？

1 让宝宝平躺在小床上，妈妈拿着硬纸筒先在宝宝的面前说话："宝宝，你好，看我拿着什么？"让宝宝体会声音聚拢再发出来的感觉。

2 将纸筒逐渐移近宝宝的左耳边，然后说："宝宝，听到了吗？我在你的左耳边哦。"然后故作神秘地跟宝宝说些悄悄话，注意语音、语速、语调都尽量丰富。左边说两三分钟后换到右边。

3 让纸筒重新回到宝宝的视线，妈妈对着纸筒跟宝宝说："妈妈要说的话说完了，宝宝有什么话要对妈妈说吗？"然后将纸筒一端放在宝宝的嘴巴上方，妈妈把耳朵对着纸筒另一端，装出认真倾听的样子。这样等于是给宝宝反方向重演一下刚刚的游戏，更容易让宝宝理解这套动作。

小·贴士

玩这个游戏之前要检查纸筒边缘是否光滑，避免划伤宝宝柔嫩的皮肤。

嘘，听一听

哈哈！

游戏关键词
☑ 听觉能力
☑ 因果关系

游戏难度
★★★★★

适宜时间： 宝宝2个月后，家里没其他人的时候很适合玩，每次玩10分钟左右。

培养目的： 让宝宝听录音机播放的声音，对宝宝来说是双重的刺激，不仅能体会不同的声音，还能让宝宝感觉到录音机和声音的关系。

游戏准备： 用录音机录下几个人如爸爸、妈妈、奶奶、姐姐等的声音。

1 先放单人的录音。妈妈将宝宝抱在怀里，让宝宝面对录音机，摁下按键播放声音。妈妈这时候尽量什么话都不说。

2 当宝宝惊奇地盯着录音机时，妈妈将录音机关掉，让声音消失，看宝宝有什么反应。宝宝可能会回头看着妈妈。这时妈妈再次按下按键播放声音。反复几次，宝宝可能会意识到声音跟妈妈这个按键的动作有关。

3 将多个人的录音放在一起，声音差别大的靠近一些，连续播放，看宝宝在声音发生变化时表情是否有明显变化。

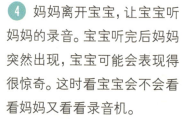

4 妈妈离开宝宝，让宝宝听妈妈的录音。宝宝听完后妈妈突然出现，宝宝可能会表现得很惊奇。这时看宝宝会不会看看妈妈又看看录音机。

小贴士

现在家庭并不常备录音机，妈妈可用具备录音功能的手机代替。

猜猜我在哪里

游戏关键词

☑ 听觉能力　☑ 观察力
☑ 语言能力

游戏难度
★★★★

适宜时间： 宝宝2个月以后，情绪好的时候可以玩，玩到宝宝不想玩为止。

培养目的： 这个游戏和"听声辨位"差不多，但是加入了人声和表情，可以同步发展语言能力和观察力。

游戏准备： 妈妈可以在头上戴个兔子耳朵等，用可爱的装饰引起宝宝的注意。

1 宝宝躺在小床上的时候，妈妈站在宝宝对面，然后突然蹲下身子消失。

2 当宝宝看不见妈妈的时候，妈妈发出奇怪的声音，比如"喵"，吸引宝宝的注意，然后问："猜猜我在哪里？"反复问几次之后，突然站起重新出现在宝宝的视线里，宝宝会感到很惊奇。

3 换几个方位重复玩几次，然后妈妈围绕着宝宝转圈，边转边问："猜猜我在哪里？"让宝宝体会这种声音来源不确定的感觉。

4 让爸爸抱着宝宝，这个游戏玩起来更方便，妈妈可以躲在爸爸后面，并让宝宝猜猜，玩过几次后，爸爸可以抱着宝宝突然转向妈妈所在的方位，让宝宝发现藏着的妈妈。

小贴士

这个游戏最吸引人的地方在于妈妈的消失和出现。这两个动作可以迅速、突然一点。

早教指导：
开发宝宝的音乐智能

现代早教理论中把人类智能分为了8种，我们会陆续讲到，这里说说宝宝最早萌发的一种智能——音乐智能。

我们平时所说的"音乐"二字，通常包括对音乐和节奏的感知和理解能力，但在早教理论中，这只是一方面，更重要的是宝宝对各种声音的感受和辨别能力。开发音乐智能和提高听觉能力是息息相关的。在保护好宝宝耳朵的基础上，妈妈应让宝宝多听各种声音，让宝宝多听一些音乐。

1.给宝宝听音乐，可以是各种乐器的声音，也可以是人唱歌的声音，种类可以丰富多样。不过，各个种类不要更换太频繁，最好是听2周左右再换一种，给宝宝充分的时间去记忆。

2.妈妈亲自给宝宝唱歌，这更能激发宝宝对音乐的感受力，可以在喂宝宝吃奶时、哄宝宝睡觉时轻轻哼唱。

3.在给宝宝按摩、抚触或者带着宝宝走动的时候适当加入一些节奏，边有节奏地数数边做，可以让宝宝理解节奏感。

4.跟宝宝说话的时候也可以加些韵律、节奏等，强化宝宝的音乐敏感性。

需要注意的是，培养宝宝的音乐智能并非一定要把宝宝培养成音乐家，而只是想让宝宝具备更强、更敏锐的感受力，所以妈妈一定不要太心急，以免揠苗助长。不过，长时间地给宝宝听音乐是不适合的，宝宝有可能会因为整天沉浸在音乐里而对人说话的声音反应迟钝。

音乐鉴赏家

游戏关键词
☑ 听觉能力
☑ 音乐智能

游戏难度
★★★★★

适宜时间： 宝宝出生20天就可以每天听一会儿音乐，每次不超过10分钟。

培养目的： 让宝宝欣赏包括乐器演奏，男、女歌唱家演唱，儿歌等在内的各种风格的音乐，扩大宝宝对音乐的认知。

游戏准备： 不同乐器演奏的音乐，男、女歌唱家或儿童演唱的歌曲。

1 放音乐给宝宝听，一首曲子放几天后换一首，再过段时间两首曲子连着放，看宝宝会不会在乐曲转换时做出反应。当然，也可以是男、女、童声转换，看看宝宝的反应，宝宝往往也会出现注意力更集中的表现。

2 妈妈坐在床边，跟着曲子的节奏，轻轻拍手、晃动身体，让宝宝感知节奏。

3 如果宝宝犯困了，就选一支摇篮曲，妈妈可以随着节奏拍打宝宝的身体或者晃动摇篮。听着摇篮曲就能睡着，说明宝宝已经充分感知到了这首曲子的魅力。

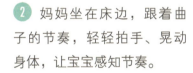

4 如果曲子的节奏很鲜明、欢快，不妨把宝宝抱在怀里，握着宝宝的小手跟着节奏舞动，宝宝也会很开心。

小贴士

给宝宝听的曲子要经过慎重选择，要适合宝宝，重金属摇滚、爵士这类音乐不宜给宝宝听。

动起来 哟!

适宜时间: 宝宝出生1个月后,每天都可以做1次,选在两次吃奶的间隔做,每次做5~10分钟。

培养目的: 跟着音乐的节奏给宝宝按摩,帮宝宝活动四肢,可以让宝宝更直观地感受音乐节奏。

游戏准备: 1首节奏明快的歌。

① 做游戏前,先给宝宝听一会儿音乐,时间大约为10分钟,先调动起宝宝的情绪。

② 把宝宝平放在床上,配合音乐的节奏给宝宝做按摩,依照从上到下、从两边到中间的顺序按摩宝宝身体。

③ 口中念着:"一二三四,五六七八;二二三四,五六七八……"等,随着节奏,活动宝宝的四肢。这个节奏可以自己控制,应该一会儿慢,一会儿快,节奏慢的时候动作也慢,节奏快的时候动作也快。

④ 让爸爸抱着宝宝,妈妈自己边喊拍子边做韵律操;或者妈妈抱着宝宝喊拍子,让爸爸做韵律操给宝宝看,都能增加趣味性,增强宝宝对节奏的领会。

小贴士

做游戏的时候要注意观察宝宝的表情,如果宝宝不耐烦不要强行做。

流行歌曲 哟！

☑ 音乐智能
☑ 语言智能

 游戏难度
★ ★ ★ ★

适宜时间： 宝宝2个月后随时都可以玩，也可用来在宝宝情绪不好时分散宝宝的注意力。

培养目的： 流行歌曲结合了节奏、旋律、语言等元素，可以给宝宝更丰富、更多层次的刺激，对音乐智能和语言智能的开发都有好处。

游戏准备： 1首欢快的歌，比如《幸福拍手歌》，可以反复唱。

1 妈妈通过开场白引起宝宝的注意："现在，妈妈要为宝宝唱一首流行歌曲，请听好。"刚开始唱一首新歌时，要柔和缓慢地唱。

2 歌曲要有强调的部分，比如唱《幸福拍手歌》可以这样做：唱到"拍拍手"的时候，可以停两拍，同时拍两下手。每次唱到这里都做同样的动作，让宝宝把这个词和这个动作联系起来。

3 再唱一遍，唱到"拍拍手"的时候，可以轻轻拍打床、椅子等，让宝宝理解"拍"的含义。

4 再唱下一遍的时候就可握着宝宝的手和脚做拍打的动作。

小贴士

有些妈妈可能担心自己五音不全，唱歌会影响宝宝的乐感。其实完全没有这回事，妈妈尽可以大胆地唱。

游戏育儿百科

音乐摇床

游戏关键词 ☑ 音乐节奏感

游戏难度 ★★★★

适宜时间： 宝宝3个月时可以玩，每次5分钟左右。

培养目的： 随着音乐节奏晃动宝宝，对培养宝宝的节奏感很有效。

游戏准备： 1条毛巾被。为确保安全，在沙发上玩这个游戏。

1 妈妈播放一段柔和的音乐，将宝宝放在毛巾被的中间，妈妈手执宝宝头部上方的毛巾被两个角，爸爸手执宝宝脚下方的两个角。这时候妈妈可以告诉宝宝："妈妈和爸爸要给宝宝做个摇床，这个床是音乐摇床。"

2 妈妈喊："一、二、三，起！"妈妈和爸爸同时发力，抓着毛巾被的4个角，将宝宝抬起来。

3 随着音乐节奏，妈妈和爸爸一起左右摇晃毛巾被，使得宝宝的整个身体都能随着音乐节奏左右摇晃。音乐起，动作起，音乐停，动作也停，使宝宝注意到音乐的起落。

小贴士

　　玩这个游戏一定要注意安全，摇晃的幅度不要太大，以免宝宝头晕或从毛巾被上滚下来。如果宝宝害怕，要立即停止。

早教指导：
本阶段的大动作和精细动作锻炼

　　刚刚出生的小宝宝简直可以说是软软的一团，什么大动作都没有，甚至连头都抬不起来，让宝宝仰卧着就平平地仰卧着，让宝宝侧卧着可能会不由自主地趴下，趴下后却无力转回仰卧，即使到了3个月时，情况也没有太大改变。

　　但是宝宝内在的生长力量一刻也没有停止过努力，一些看上去只是在挣扎的动作，正是所有大动作的萌芽，可不要小看。妈妈要多给宝宝机会做这些看似挣扎的动作，比如，衣服少穿些，给宝宝自由活动的空间。另外，还可以帮助宝宝多做做肌肉锻炼，给大动作的发展打好基础。

　　宝宝的精细动作在出生后前3个月似乎比大动作要好一些，如可以自由挥舞拳头，把拳头放进嘴里尝尝等，但这些动作仍然显得幼稚、笨拙，需要妈妈经常给宝宝一些锻炼。妈妈可以经常触碰、抚摸宝宝的手，做一些被动的锻炼，增进手部肌肤的敏感性，也可以做一些拍打、抓握、触摸等主动锻炼。最重要的一点是，妈妈不应该束缚宝宝的双手，不应该给宝宝戴手套，也不要阻止宝宝吃手的动作。

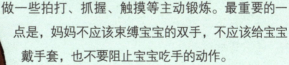

游戏育儿百科

抓抓握握

 游戏关键词
☑ 精细动作
☑ 肌肉力量

游戏难度
★★☆☆☆

适宜时间： 宝宝出生2周后就可以玩，到满1个月以后每天都可以玩几次。

培养目的： 小宝宝的手一般都是紧紧握着的，练习抓握可以让手掌伸展再握住，从而锻炼宝宝关节的灵活性和手掌肌肉的力量。

游戏准备： 摇铃、纸片、布头等一切适合抓握的东西都行。

① 宝宝开始练习抓握的时候，最好的练习工具是妈妈的手指。妈妈可以把自己的手指伸进宝宝的掌心，跟宝宝说："宝宝，抓住妈妈的手指。"然后轻轻将手指往外抽，宝宝的手因为无力，不会跟着妈妈的手指运动，但过不了多久，宝宝就能跟着动一点距离，然后才松开。

② 把摇铃放在宝宝的掌心里，然后抓着摇铃轻轻向上提起。这不仅可以锻炼宝宝手指的力量，还可以锻炼到宝宝的手臂肌肉。

③ 以后逐渐改用比较难抓握的纸片、布头等来练习，宝宝的小手会越来越灵活。

小贴士

宝宝的手会越来越有力，很容易就抓到自己的脸。这时妈妈要及时给宝宝修剪指甲，以免抓伤。

抬头练习 哈哈!

 游戏关键词 ☑ 大动作

游戏难度 ★★★☆☆

适宜时间: 宝宝出生2个月以后就可以练习,练习时间由短到长,刚开始时每次1～2分钟即可,以后可以延长到5～10分钟。不过,不要在刚喂完奶的时候练习,因为这样容易导致宝宝吐奶。

培养目的: 能否抬头是宝宝大动作发育良好与否的重要指标,这是宝宝将来爬、坐、站的基础。

游戏准备: 摇铃。

1 在宝宝精神好的时候,跟宝宝说:"宝宝,我们练习一下抬头吧,这可是大本领哦。"然后让宝宝俯卧在床上。

宝宝,抬头,看妈妈!

2 宝宝俯卧之后,马上就会不自觉地努力将头抬起来,这时候妈妈可以在宝宝的头顶前方叫宝宝:"宝宝,抬头,看妈妈!"鼓励宝宝把头抬起来。

3 用一个色彩鲜艳的或者可以发出响声的玩具在宝宝的前方摇晃,如摇铃,诱导宝宝把头抬起来。

4 宝宝刚开始抬头时只能坚持1～2秒,当宝宝的头耷拉下去后,不要马上诱导,可以等宝宝歇息一会儿再进行。

小·贴士

经常让宝宝俯卧,可大大促进宝宝颈椎肌肉力量的发展。不过当宝宝俯卧的时候,一定要有人在旁看护,以免窒息。

空中蹬自行车

游戏关键词
☑ 大动作
☑ 双腿力量

游戏难度
★★☆☆☆

适宜时间： 当宝宝自己会踢腿了就可以开始玩这个游戏，每次玩10分钟左右。

培养目的： 宝宝喜欢踢腿，这是为将来走路在做准备。跟宝宝玩空中蹬自行车的游戏，可以让宝宝的这种准备更加充分和科学。

游戏准备： 不需要准备什么。

1 宝宝平躺在床上，妈妈抓着宝宝的脚腕，跟宝宝说："宝宝，蹬一会儿自行车吧。"然后将宝宝的双脚腕稍稍抬高并做向前送和向后退的动作，就像蹬自行车一样。

2 蹬一会儿自行车后，妈妈可以换个花样，跟宝宝说："再跳一会儿康康舞吧。"接着用一只手抬起宝宝的大腿，另一只手将腿拉直做大踢腿，做完一边换另一边。

3 接下来做手臂的练习，跟宝宝说："手臂要把好车把啊。"握着宝宝的两手手腕向胸前伸出，妈妈双手震动带动宝宝的手臂震动一会儿，然后说："转弯了。"先向左边倾斜，再向右边倾斜，做出转弯的样子。

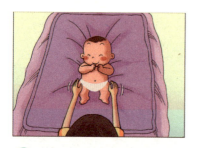

4 当所有的练习做完之后，给宝宝揉揉肌肉和关节，做下放松，本次游戏就算结束了。

小贴士

带宝宝做蹬自行车的锻炼时，要切记抓着宝宝的脚腕，不能只抓着脚掌，以免伤到宝宝的踝关节。

拍打小玩具

游戏关键词 ✓ 精细动作 ✓ 手眼协调

游戏难度 ★★★★

适宜时间： 宝宝出生2个月以后，手臂能略微抬起来的时候就能玩了。

培养目的： 头顶挂着彩色的东西，宝宝一定有兴趣去够。伸手够东西并拍打，可以锻炼动作的准确性，增强手眼协调性。

游戏准备： 用一些绳子将彩色的、轻巧的物品如毛线球等挂起来。

① 将挂着毛线球的绳子拴在宝宝的童车或床上方，正好悬在宝宝的下巴上方，高度应在宝宝努力抬手臂可以拍到的位置。

② 妈妈可以先动手拍打毛线球。可先跟宝宝说："宝宝，你看毛线球好看吗？"说完后，用手一拍，让毛线球晃动起来。

③ 宝宝注意到悬挂的毛线球后就会努力去拍，一开始不一定能做到，但宝宝不会泄气，只要攒够了力气就会去拍，妈妈发现宝宝让毛线球晃动起来以后要及时用愉快的语气表扬宝宝："宝宝拍到小球了，真了不起！"

小贴士

毛线球一定要注意拴结实，不能让宝宝拽下来。

31

第二章

3～6个月的游戏

早教指导：
锻炼触觉敏感度

　　触觉指的是碰触发生时身体受到的感觉刺激，包括轻、重、尖、钝、冷、热等，是宝宝最早发展的能力之一。这种能力让宝宝不用眼睛，单用手就能认知物体。

　　在幼年有充分触觉感受的宝宝，触觉敏锐，性格却不会过分敏感，相较触觉体验少的宝宝更有安全感。触觉发展有障碍的宝宝长大后，其各项智能可能都会受到影响，比如肌肉关节的活动能力较差，空间概念较薄弱，性格敏感多疑等。

　　人体全身上下都能获取触觉体验，最有代表性的是舌头和手，妈妈经常会发现宝宝吃手或往嘴里放东西，这其实是宝宝在用嘴来认识手和其他物体，是触觉能力的体现之一。

　　因此，对宝宝自己的触觉运用，妈妈没必要过分阻止，只要保证宝宝放到嘴里的东西都是安全的、干净的就行了。

　　同时，妈妈应该给宝宝适当的训练，让宝宝接触更多的东西，感知更多物体的特性，比如粗糙的石头、光滑的丝绸、温热的水、冰凉的冰、沉重的枕头、枕头拿掉后的轻松，等等，以此锻炼宝宝的触觉。当宝宝大一些，妈妈可以给宝宝更多的自由，让宝宝在更广阔的空间里玩耍，这样宝宝的触觉体验会更丰富。

挠痒痒 哈哈！

 游戏关键词 ☑ 触觉 ☑ 快乐情绪

 游戏难度 ★★★★★

适宜时间： 随时随地都可以玩。玩的时间不宜过长，否则容易扰乱呼吸，引起宝宝的不适。

培养目的： 用手挠宝宝的身体，既发展触觉，又能培养快乐情绪，从而让宝宝性格开朗、乐观。

游戏准备： 柔软的羽毛、痒痒挠等。

1 妈妈手拿羽毛在宝宝面前扬一扬，用促狭的语气说："让妈妈给你挠痒痒。"宝宝不知道妈妈要干什么，但仍然会微笑以对。

2 妈妈从不容易痒的地方开始轻抚，观察宝宝的动静。如果宝宝突然笑着扭动身体试图躲避，说明宝宝感觉到痒了。妈妈这时可以表现得兴奋些："痒吧？痒痒吧？"

3 加劲挠痒痒，到特别容易感觉到痒的脚底、腋下、大腿内侧、小屁股、小肚皮等处继续挠，宝宝会感觉更加痒，反应也更强烈。

4 换用痒痒挠再给宝宝挠痒。刚开始轻抚，之后稍微加劲，然后停止，一边轻揉宝宝身体一边说："让妈妈揉揉，这样就不痒了。"如果宝宝不感到疲倦，再换其他工具挠痒。

小·贴士

游戏过程中，妈妈应注意观察宝宝的反应，如果宝宝已经笑得上气不接下气了，就要马上停止。

35

恐龙爬行 哈哈！

 游戏关键词

☑ 触觉 　☑ 想象力
☑ 认识身体部位

游戏难度
★★★★★

适宜时间： 宝宝仰面朝天的时候都可以玩，最好在换尿布的时候，尿布换完了，游戏也结束。

培养目的： 手指在宝宝的身体表面移动引起皮肤的反应，促进宝宝的触觉发展，同时能帮助他认识身体部位，恐龙的形状则可发展想象力。

游戏准备： 有4只脚的小动物玩具。

恐龙来了！

① 妈妈将中指抬起来当恐龙的头，其他四指屈曲做恐龙的腿，在宝宝的眼前摇摇晃晃"走过"，同时说："恐龙来了！"

恐龙走过了宝宝的小肚皮。

② 给宝宝换尿布，将宝宝的上衣拉起来的时候，把"恐龙"放在宝宝的肚皮上缓缓向宝宝的头部行进，边走边说："恐龙来了。恐龙走过了宝宝的小肚皮，恐龙走到宝宝的胸部了，恐龙走到宝宝的下巴了……"

这里是肚脐哟！

③ "恐龙"行走时，妈妈每说到一个身体部位的时候，就用力在这里压一压或者挠挠痒，增强宝宝对这个身体部位的认识。

哇哈哈哈哈！

④ 将可以自动行走的、有4只脚的小动物玩具放在宝宝的身体上，让玩具自己移动，这也可以带给宝宝强烈的触觉感受。

小·贴士

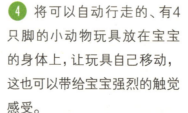
做这个游戏的时候，妈妈的指甲要剪短，并且磨圆，以免划伤宝宝。

奇妙的口袋

游戏关键词
☑ 触觉
☑ 手眼协调

游戏难度
★★★★★

适宜时间： 4个月以上的宝宝能够有意识地抓和触摸物品了，这个游戏正适合，玩到宝宝不想玩了为止。

培养目的： 这个游戏是用手感觉物品，可发展手部触觉，并且有助于增进手眼协调。

游戏准备： 一些不同质感的东西，如丝巾、塑胶球、毛绒玩具、小纸盒等，还有一只布袋。

❶ 将所有准备好的东西都摆在宝宝的眼前，看宝宝是否会用手去拿。

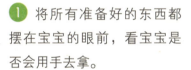

❷ 宝宝如果自己用手拿了，不管拿到什么都可以让宝宝玩一会儿，并告诉宝宝拿的是什么，有什么样的质感。

❸ 将所有东西放入布袋，握着宝宝的手伸到布袋中，让宝宝在看不见物品的情况下靠摸来判断事物。宝宝的手在布袋中抓到了东西，妈妈可以摸摸，然后跟宝宝猜猜："宝宝抓到了什么？好像是丝巾啊。"

❹ 妈妈拿出来看看猜对了没有，猜对了就说："果然是丝巾，摸起来沙沙的。"把丝巾放在宝宝的手臂、肚子上让宝宝感受一番，然后放在一边，继续摸其他的。

小·贴士

这些用来给宝宝触摸的东西体积要大一些，方便抓握，也不容易被宝宝吃下去，可避免窒息。

游戏育儿百科

凉的、热的

哈哈！

游戏关键词 ☑ 触觉

游戏难度 ★★★★

适宜时间： 给宝宝洗手、洗脸时可以顺便进行。

培养目的： 冷、热也是宝宝锻炼触觉时必须要体会的内容，一来可以刺激触觉神经，二来可以积累生活经验，比如太冷的东西不能吃，太热的东西会烫伤等，让宝宝主动避开。

游戏准备： 冷水、热水、冰块等，放在洗脸盆附近。

1 妈妈兑好水先给宝宝洗脸，洗之前把宝宝的手伸到水里泡一泡，顺便问宝宝："温温的，舒服吗？"

2 洗完脸，等水凉了以后再掺些热水，然后让宝宝看热水的蒸汽，告诉宝宝："看，这是热气。"

3 倒了热水后，握着宝宝的手小心试一试水温，让宝宝感知比以前高些的温度。再加一点热水，让宝宝感觉水渐渐变热。

4 让宝宝用手摸摸冰块，告诉宝宝："这是冰块，很凉。"同时，搂着宝宝的身体做出冷得哆嗦的样子。然后将冰块放到水里，让宝宝试试冰块附近的水和远处的水，感受水温的差异。

小·贴士

宝宝肌肤娇嫩，无论冷还是热，妈妈都要先试试，确定宝宝可以承受才让宝宝摸。

38

早教指导：
提高注意力

注意力是学习知识的前提，要让外界知识进入头脑必须先集中注意力。孩子在学习知识的时候注意力不集中，就会表现出视而不见、听而不闻的现象，学习时看错、看漏、抄错、抄漏、听错、听漏、记错、记漏是常有的事，生活中也总是丢三落四，非常影响学习成绩和生活质量。提高注意力应该从小就开始训练。

首先，妈妈要经常陪宝宝做游戏。小宝宝自己很难发现一件事物值得注意的方面，因而不能专注太长时间，但有妈妈陪伴和引导就不一样了，妈妈可以帮助宝宝发现值得关注的点，这样宝宝的专注时间就可数倍延长。

其次，跟宝宝玩游戏的难度要适时调整。游戏要适合当前年龄的宝宝，如果超过宝宝的理解能力，会引起宝宝的不耐烦，对注意力培养有害无益。

再次，妈妈要有足够的耐心。如果宝宝还兴致勃勃，妈妈就不想玩了，而带宝宝改玩别的，这无疑会影响宝宝集中注意力。

还有，不要给宝宝太多的玩具，让宝宝有机会拿起这个扔掉那个，这种情况下宝宝发现不了任何玩具的细节，注意力也会下降。

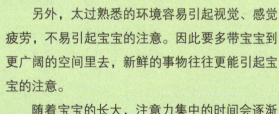

另外，太过熟悉的环境容易引起视觉、感觉疲劳，不易引起宝宝的注意。因此要多带宝宝到更广阔的空间里去，新鲜的事物往往更能引起宝宝的注意。

随着宝宝的长大，注意力集中的时间会逐渐延长。1岁以下的宝宝集中注意力时间不超过15秒，1岁半可维持5分钟以上，2岁时平均可维持7分钟，3岁时平均为9分钟。如果偏差较大，就要注意加强训练了。

游戏育儿百科

忽明忽灭

 哈哈!

☑ 注意力
☑ 因果关系

游戏难度
★★★★★

适宜时间: 宝宝睡醒后,精神特别集中的时候,玩到宝宝不再关注为止。

培养目的: 简单的游戏反复玩,可以让宝宝发现更多的细节,注意力也更加集中。在灯的一灭一明中,宝宝会隐约发现开关与灯光的关系。

游戏准备: 1盏台灯,最好是灯光强度可以渐变的。

1 将宝宝抱到台灯前,告诉宝宝:"灯。这是灯。"关闭电源后,让宝宝摸摸灯罩、灯座、开关等,全面观察一下台灯。

看,灯亮了。

2 妈妈将电源和开关打开,灯瞬间亮起来,跟宝宝说:"看,灯亮了。"反复开关几次,看宝宝会不会注意到开关灯的动作。要是宝宝每次都看看开关又看看灯,说明宝宝已经感觉到两者的关系了。

3 转动旋钮,让灯光慢慢由强变弱,又由弱变强,同时给宝宝解释:"看,灯越来越暗了……现在又越来越亮了。"

4 握着宝宝的手去按开关、扭旋钮,宝宝玩这个游戏就会更投入。当台灯明灭的游戏玩熟了,就可以带着宝宝开关家里其他的灯,让宝宝明白这些都是同一类东西。

小贴士

玩游戏时一定要保证安全,不要让宝宝碰到插座之类的东西。

什么声音 哈哈!

游戏关键词
- ☑ 注意力
- ☑ 辨别能力

游戏难度 ★★★★

适宜时间： 3个月以后，宝宝能够自由转动头部，这时玩这个游戏，效果较好。

培养目的： 敲打物体使之发出声音，会吸引宝宝的注意力。材质不同的东西发出不同的声音，也有助于提高宝宝的辨别能力。

游戏准备： 一些敲击后可以发出声音的东西，比如拨浪鼓、塑胶玩具、碗筷、瓶罐等。

1 妈妈抱着宝宝，在宝宝看不见的地方，用筷子敲响碗，问问宝宝："听，是什么声音？"再敲几下，看宝宝是否会注意到。

2 将宝宝的脸转向发出声音的碗，当着宝宝的面再次敲响："啊，原来是碗筷在响啊？这个声音就是宝宝刚刚听到的声音。"

3 把所有能发出声响的东西集中在一起，妈妈按照顺序敲响，然后换个顺序再一次敲响，宝宝的注意力会一直停留在妈妈的手上。

4 妈妈握着宝宝的手敲响一面小鼓，或者弄响其他物品，宝宝会逐渐意识到自己的手也可以弄响这些东西。

小·贴士

能发出刺耳声音的器具就不要敲打给宝宝听了。

墙上的影子

 哈哈！

适宜时间： 晚上关灯准备睡觉的时候很适合。

培养目的： 光影的变化可以极大地激起宝宝的好奇心，提高宝宝的注意力，并让宝宝逐渐意识到光和影的关系。另外还有一点好处就是，慢慢地宝宝就不会害怕黑暗了。

游戏准备： 1只手电筒。

❶ 关掉灯后，妈妈搂着宝宝躺在床上，打开手电筒在宝宝面对的墙壁上投下光圈，不需要说什么，宝宝自然就会被墙上的光圈吸引。

那个圆圈的光是手电筒照上去的。

❷ 宝宝注意到光圈以后，就跟宝宝说："那个圆圈的光是手电筒照上去的。"然后关掉手电筒，过一会儿重新打开，宝宝会很兴奋。

看，光圈跑到左边了，又跑到天花板上了。

❸ 将手电筒慢慢移动，让光圈从墙壁一边移到另一边，再移到天花板上，鼓励宝宝追看："看，光圈跑到左边了，又跑到天花板上了。"

这是妈妈的手的影子。

❹ 妈妈伸开五指挡在手电筒前面，告诉宝宝："这是妈妈的手的影子。"然后将手指弯一弯再转一转，让宝宝观察变化，再把宝宝的手伸开五指放在手电筒前面，告诉宝宝："这是宝宝的手的影子。"

小贴士

手电筒的光不要太强，以保护宝宝的视力。

游戏关键词
- ✓ 注意力
- ✓ 调整情绪

游戏难度 ★★★★

适宜时间： 在宝宝哭闹的时候可以用这个游戏转移宝宝的注意力。

培养目的： 当妈妈把奇怪的东西戴在头上当帽子，宝宝会把注意力转移到妈妈的头顶，这可以让宝宝学会在烦闷的时候转移注意力，消除负面情绪。

游戏准备： 一些可以扣在头上的东西都行，比如硬纸盒、塑料碗、藤编筐、茶壶保温罩等，还要准备一顶真正的帽子。

① 宝宝正在哭闹的时候，妈妈突然将一个不是帽子的奇怪东西扣在头上，宝宝就会被吸引而停止哭泣，甚至咯咯地笑起来。

② 当宝宝看着妈妈的"帽子"时，把"帽子"戴到宝宝头上，问宝宝："你喜欢这顶'帽子'吗？喜欢这顶还是更喜欢这顶呢？"边说边换另一顶"帽子"，看宝宝会不会再次发出笑声。

③ 试过几个奇怪的"帽子"之后，将真正的帽子戴在头上，最好是宝宝经常戴的帽子，这时宝宝很可能就不笑了，宝宝可能已经意识到这个举动是正常的。

④ 把宝宝抱到镜子前，依次把毛巾、塑料碗、藤编筐、硬纸盒等放在宝宝的头上，让宝宝看镜子里的自己，看宝宝会表现出惊奇还是开心。

小·贴士

给宝宝扣在头上的"帽子"以小巧轻便为好，并注意安全。

早教指导：
培养宝宝快乐情绪

快乐是最基本的正性情绪，不仅对自身身心健康有促进作用，对别人来说也有很强的吸引力和感染力。培养宝宝的快乐情绪容易让宝宝在将来形成融洽的人际关系，更顺利地融入社会生活。因此，妈妈要特别专注于培养宝宝的快乐情绪。

其实让宝宝快乐并不难。首先就是要满足宝宝的生理需要，饿了有吃的，渴了有喝的，尿布湿了换干的，不舒服了有妈妈照顾，这是最基本的。其次就是从心理上得到满足，在日常生活中，妈妈要注意以下几点：

1.不要过分限制宝宝的自由。宝宝有了一定的自主能力，就会积极尝试，比如把手放到嘴里，把玩具放到嘴里，把随手拿到的东西扔到地上等，妈妈最好不限制，如果过多干涉，不停地制止宝宝，宝宝肯定会哭闹起来，由此带来的挫败感会让宝宝不快乐。

2.增长宝宝的见识。多带宝宝见识各种各样的事物，新鲜的东西总能给宝宝带来积极的情绪。

3.妈妈不要事事代替宝宝完成。当宝宝通过自己的努力就能完成一件事的时候，妈妈应当鼓励宝宝独自去完成，而不是替宝宝完成，这样宝宝能够体会到自己的力量，能够获得自我肯定和满足，也就是成就感，这样也容易快乐。

4. 适当赞许宝宝。赞许也是快乐的源泉，当宝宝通过努力完成了一件事得到妈妈的赞许时，宝宝会非常快乐。

不过，在3~6个月这个阶段，妈妈陪着宝宝做游戏比任何事都能让宝宝更快乐。

两步舞

适宜时间： 宝宝不愿意闲待着，想动一动的时候就可以玩。

培养目的： 带着宝宝随着音乐起舞，会让宝宝很快乐，有助于培养宝宝的快乐情绪，对音乐节奏感的培养也很有利。

游戏准备： 一些节奏感强的舞曲，比如莎莎舞曲、雷鬼音乐，如果宝宝不喜欢，可以换成民乐、流行乐或者儿歌等。

❶ 先让宝宝坐在童车里，放上一段音乐，妈妈在宝宝面前起舞，问问宝宝："妈妈跳舞好看吗？宝宝想不想跳舞？"

❷ 伸手向宝宝做出邀请状："宝宝陪妈妈跳个舞吧。"将宝宝抱出童车随着音乐走舞步。

❸ 边跳舞，妈妈可以边跟宝宝解释："左边两步，右边两步，退后一步，前进一步……"这样，宝宝对方位也会有个认识。

❹ 一曲结束，将宝宝放回童车，跟宝宝说："谢谢宝宝陪妈妈跳舞。"

小·贴士

　　3~6个月的宝宝腰部还不是很有力，竖抱的时候妈妈可以一手圈着宝宝的腰，一手托着宝宝的小屁股，让他脸朝内。这样晃动的时候宝宝就能稳稳地靠着妈妈的身体了。

敲敲打打

 游戏关键词
- ✅ 快乐情绪
- ✅ 节奏感

 游戏难度
★ ★ ★ ★ ★

适宜时间： 3个月以上的宝宝就能用手敲打东西了，正适合玩这个游戏。

培养目的： 宝宝发现自己能弄出声音的时候会很兴奋，宝宝会感觉满足，这是带来快乐情绪的重要因素。另外，这个游戏对培养宝宝的节奏感也很有好处。

游戏准备： 玩具鼓、饭盒、奶粉罐、饼干桶等。

① 妈妈抱着宝宝，将小鼓放在宝宝的面前，宝宝一般会伸手抓取，在宝宝抓起来之后，妈妈用手指敲一下鼓面，发出声音。

② 宝宝看到妈妈弄出声音了，可能会模仿。如果没有模仿，妈妈就可以抓着宝宝的另一只手去拍打，嘴里发出"咚咚"的声音，让宝宝明白这个应该怎么玩。

③ 当宝宝能很好地敲一个小鼓了，妈妈可以拿饭盒、奶粉罐、饼干桶等用透明胶带把它们粘在一起做成"架子鼓"，依次敲响，给宝宝做示范。

④ 让宝宝也来敲一敲。以后，等宝宝能拿住东西了，可以给他买玩具鼓任他敲敲打打，自己发现乐趣。

小·贴士

宝宝弄出的声音有时候会让妈妈不堪其扰，但是不要粗暴地打断宝宝，可以引诱宝宝去做一件更有意思的事从而停止敲打。

飞机起飞了

游戏关键词　☑ 快乐情绪　☑ 大动作

游戏难度 ★★★★

适宜时间： 宝宝安静地坐在妈妈怀里的时候可以玩。

培养目的： 如果妈妈做游戏的动作迅速而突然，宝宝会在吃惊之后立刻兴奋起来，这种剧烈刺激带来的快乐是巨大的。另外，这个游戏可以促进宝宝的大动作发展。

游戏准备： 不需要什么准备。

❶ 妈妈盘腿坐着，一只手环抱宝宝的腰，另一只手撑在宝宝的背后，宝宝面朝外坐在妈妈的大腿上。

❷ 妈妈双腿膝盖慢慢抬高，边抬高边说："飞机起飞了！飞高，飞高，飞高啦。"直到两个膝盖相碰。

❸ 膝盖相碰后再向下压双腿，边压边说："飞机降落啦，越降越低，落地了。"说到"落地"的同时，膝盖碰到地面并顿一下。

小贴士

　　飞机起落的游戏玩熟了，抬腿和放腿的动作都可以迅速一些，越迅速宝宝越快乐。还可以加入些左右摇晃的动作，让宝宝体会不同的运动感觉。

蹦蹦跳跳 哈哈!

适宜时间： 宝宝在4~5个月的时候，在别人的扶持下，双腿就能直直地站立几秒钟，这时就可以玩这个游戏了。

培养目的： 蹦蹦跳跳可以释放情绪，能让宝宝体会到充分的快乐，同时可锻炼宝宝大腿、小腿肌肉以及关节的力量，促进大动作发展。

游戏准备： 不需要什么准备。

1 妈妈双手扶着宝宝的腋下，让宝宝面对妈妈站在妈妈腿上。妈妈用力将宝宝向上举起，同时说"蹦蹦"，落下再举起来说"跳跳"，然后连起来说："蹦蹦跳蹦蹦跳，我的宝宝跳一跳。"宝宝这时候会微笑。

2 妈妈双手扶着宝宝腋下，让宝宝背对妈妈站在沙发上或者床上，做同样的动作，让宝宝在蹦跳的时候看到周围事物发生的变化。

3 游戏玩熟以后，可以尝试把宝宝举高一点再下降，让宝宝体验失重的感觉。这样游戏刺激性增大，可以培养宝宝勇敢、快乐的性格，而且有助于宝宝建立起对别人的信任。

小贴士

在宝宝下降的时候，要注意轻轻放下，平稳着地，不能用力下蹲，以免伤害宝宝的骨骼和关节。

早教指导：
语言智能开发越早越好

　　语言智能指的是对语言的领悟能力和运用语言表达的能力，与这种智能关系最直接的能力就是与人的沟通能力，语言智能高的人沟通能力一般也高。

　　开发宝宝的语言智能，妈妈可以从以下几点着手：

　　1.早跟宝宝说话。不要小看刚出生的小宝宝，宝宝的语言智能是惊人的。因为刚刚出生的宝宝几乎就能听出语音、语调的不同，并感受到其中的感情，所以对宝宝的语言智能开发并没有"太早了"一说，相反是越早越好。不过，到了3个月以后，宝宝能对妈妈的语言给予一些回应了，这时候集中力量开发语言智能，效果比较显著。

　　2.多跟宝宝说话，说什么都行。妈妈可能不知道自己应该跟宝宝说什么，告诉妈妈一点：宝宝已经是家庭的一员，妈妈只要认识到这一点，跟宝宝说话就没有困难了。妈妈可以跟宝宝报告一天的生活、趣事、日程等，还可以诉说自己对宝宝的爱，能跟别人说的话就能跟宝宝说。

　　3.适当带宝宝阅读一些图画书。阅读是丰富宝宝语言词汇的重要手段，宝宝5～6个月时，妈妈就可以经常给宝宝读些有图画的儿童书了。

　　4.对宝宝说话适当使用儿语。宝宝小的时候妈妈应该使用一些儿语，能让宝宝更好理解，更容易接受，但是不宜长期使用。在宝宝1岁以后就应尽量使用正规的语言，以免阻碍宝宝语言能力的发展进程。

　　因为宝宝的语言智能发展主要依靠模仿，所以重复是必要的。妈妈跟宝宝说话时可以经常重复同样的词汇和语言。

游戏育儿百科

学发音 哈哈！

游戏关键词 ☑ 发音能力

游戏难度 ★★★★★

适宜时间： 3个月以上的宝宝玩这个游戏效果最好。

培养目的： 发音是宝宝学会说话、学会运用语言之前必须要掌握的，这是必要的技巧，越早掌握越好。

游戏准备： 不需要什么准备。

❶ 宝宝坐在妈妈怀里，与妈妈面对面，这样妈妈发音时的口型宝宝完全可以看见。

❷ 妈妈发音时声音要饱满，并且适当拉长。这样妈妈的口型保持时间较长，而且变化较慢，发完一个音停顿一下，给宝宝反应的机会，方便宝宝模仿、学习。

❸ 小动物往往很吸引宝宝的注意力，接触到的时候可以让宝宝听到与这些小动物相关的发音。比如看到小狗就说："汪汪汪——这是小狗。汪汪，狗，狗狗。"看到小猫，则模仿小猫叫，并说："小猫，喵喵，猫，猫猫。"让宝宝加深了解，并且以后听到这些声音就能联想到有关的小动物。

❹ 把玩具比如球递给宝宝，让宝宝摸一摸、看一看，然后说："球，这是球，球。"每天可以重复几次，以加深记忆。

小贴士

妈妈发音让宝宝学习的时候，速度一定要慢，因为宝宝接受语言信息的速度较慢，慢更容易让宝宝牢固地记住这些发音。

口唇游戏 哈哈!

 游戏关键词 ☑ 运用口唇的能力

 游戏难度 ★★☆☆☆

适宜时间: 3个月以后,宝宝模仿能力增强了,这个游戏的效果会很显著。

培养目的: 学会运用口和唇是学会说话、拥有语言智能的首要条件,这个游戏可以提高宝宝口和唇的运用能力。

游戏准备: 想好要给宝宝做的示范口型。

1 宝宝躺在小床上或者坐在妈妈的怀里,跟妈妈面对面。口唇游戏开始,口型变化一定要大些、夸张些。开始的时候,妈妈可以不发声地变换口型,做出类似发"a、o、b"等字母的音时用到的口型,看宝宝会不会好奇地盯着你的嘴看,然后发出声音再来一遍,宝宝一定觉得很奇怪。

2 撅起嘴,对着宝宝的脸吹气。

3 把水杯放在唇边,连续发出"噗噗"的音,让水跟着声音震动,宝宝一定会发笑。

4 嗑瓜子吐瓜子皮给宝宝看,一转头"噗"一声吐一下,宝宝也会觉得很有趣。口唇游戏玩的时间长了,妈妈会发现宝宝的嘴唇会嚅动,因为宝宝也想像妈妈一样发出同样的声音。

小贴士

小宝宝模仿口型完全是随机的,有时候会模仿,有时候又根本无动于衷,都是正常的。

宝宝开心·聊 哈哈！

游戏关键词

☑ 沟通能力
☑ 亲子感情

游戏难度 ★★★★★

适宜时间： 5~6个月的宝宝经常会自己发出一些声音，宝宝发音时正好可以玩这个游戏。

培养目的： 鼓励宝宝对别人的语言做出反应，这是学会沟通的第一步，玩这个游戏的时候，亲子之间的感情会进一步增强。

游戏准备： 发挥想象力，创造出有特色的声音。

1 妈妈如果发现宝宝一个人在"咿咿哦哦"地发音，不要不理不睬，也不要随便笑笑，高兴一下就了事了，妈妈最好给宝宝回应，跟宝宝聊起来，这会让宝宝的发音练习更起劲。

2 妈妈可以模仿宝宝的发音，宝宝发什么音妈妈就发什么音，如"呜呜""嘟嘟""啊啊""呀呀"等都可以，还可以发出各种舌头的音，比如有节奏的弹舌、咂舌等，诱导宝宝模仿。

3 妈妈也可以真正地跟宝宝聊天，比如听到宝宝发声了，就说："宝宝想说话了？""哦，知道了，宝宝一定是想跟妈妈聊聊天了。"

小贴士

只要有时间，妈妈就应该多跟宝宝聊天，说说爸爸去哪里了，妈妈今天做什么了，宝宝现在看到的是什么，宝宝的尿布又湿了等，这些都可以帮助宝宝了解语言。

看图说话

 哈哈！

游戏关键词
☑ 语言理解能力
☑ 认知图画

游戏难度

适宜时间： 6个月左右的宝宝能够看懂简单的图画，可以开始玩看图说话的游戏了。

培养目的： 图画是语言的一种，经常跟宝宝玩看图说话的游戏，可以帮宝宝更轻松地理解语言。

游戏准备： 文字简短、图案较大、形象准确、内容易懂的图书1本。

1 把书递给宝宝，宝宝开始时并不知道怎么玩，宝宝会咬、撕、抖等，妈妈可以微笑着看宝宝玩。

2 等宝宝对这本书没兴趣了，扔在一边了，妈妈就可以将宝宝抱在怀里，把书拿起来摊开在宝宝的面前，给宝宝指点上面的图画看，让宝宝明白书是这样用的。

哪个是大公鸡？

3 刚开始给宝宝读书的时候，让宝宝认识书上的形象就可以了，告诉宝宝这个是大公鸡、那个是小狗，过一段时间问问宝宝："哪个是大公鸡？"看宝宝会不会盯着大公鸡的形象看。

公鸡看宝宝呢。看，这是公鸡的眼睛。

4 当宝宝对图画的形象已经有记忆了，就可以加深解说内容，告诉宝宝大公鸡在做什么，小狗在做什么。如果画中公鸡的眼睛正对着宝宝，可以说："公鸡看宝宝呢。看，这是公鸡的眼睛。"

小·贴士

给宝宝的图书最好耐撕、不怕咬，这样，一本书可以看很久，亲子共读更加有利于宝宝发展语言智能。

早教指导：
开发宝宝的运动智能

运动智能指的是一个人运用身体语言表达情感、运用手创造物品或改变物体形状的能力，并不仅限于我们日常所指的运动含义。开发运动智能对宝宝身心发育都有益，运动智能高的宝宝不但头脑灵活，而且眼界开阔，心态乐观。

大多数宝宝喜欢运动，跑跑跳跳，一刻不停，但即使性格安静，不喜欢跑动的宝宝，其运动智能也不见得就低。仔细观察，可以发现宝宝会频繁地使用手，如研究玩具、捏橡皮泥、折纸等，这些行为也是运动智能的表现。培养运动智能并不难，顺着宝宝的天性就行了，妈妈可以做以下几件事：

1.不过分限制宝宝的活动。吃手、吃脚、吃玩具，这是这段时间的宝宝都会做的事，过一段时间宝宝还会到处爬、到处摸，妈妈最好不要过分限制，任由宝宝发挥就可以了。

2.将运动融入其他训练中去。单纯的说教会减少宝宝运动的时间，最好将其他训练与运动结合起来，如运动与语言结合、运动与音乐结合、运动与社会交往技能结合等，都能提高宝宝运动中的表现力，还不会让宝宝反感。

3.充分调动宝宝积极性，鼓励宝宝运用自己的身体。宝宝主动能力较小的时候，妈妈带宝宝做些被动运动，让宝宝爱上运动的感觉；在宝宝主动能力增强的时候，就可以多鼓励宝宝自己去完成一些事；再大些，还可以尽量让宝宝帮助妈妈做事。

虽然不能因为怕宝宝受到伤害而限制宝宝活动，但也不能大意，妈妈要做好宝宝的后勤保卫工作，事先将各种危险因素消除。

花样滑行 哈哈！

☑ 身体协调性
☑ 运动能力

游戏难度 ★★★★

适宜时间： 3～6个月的宝宝体重不轻不重，正适合各式被动滑行运动。

培养目的： 被动滑行可发展宝宝身体的运动协调性，还可以锻炼关节、肌肉的灵活性，这些都是发展运动智能必不可少的因素。

游戏准备： 几块地垫，另外备1条大毛巾。

① 铺好地垫并在上面放一条大毛巾，让宝宝趴在毛巾上，然后妈妈拉动毛巾，嘴里喊着"前进、后退、左滑、右滑、左转弯、右转弯"等，向前、向后、向左、向右或者转弯。

② 游戏玩熟了以后，就让宝宝仰卧在毛巾上滑行，让宝宝体会到不一样的感觉。

③ 妈妈坐在地垫上，双膝屈起，把宝宝背朝妈妈放在膝盖上，扶着宝宝慢慢滑下去，停在妈妈的脚面上或者地垫上。

小贴士

宝宝在做这些运动时，身体获得了一定自由，但这也可能会让他感觉无助，所以动作一定要尽量慢，让他感觉安全才行。

翻滚练习

 大动作
身体协调性

游戏难度
★★★★★

适宜时间： 在宝宝快满3个月的时候就可以开始练习，练习时间长短以宝宝喜欢为准。

培养目的： 宝宝大约在3个月以后学会自己翻身，早点锻炼可以让宝宝早点学会翻身，让宝宝更早开始锻炼身体协调性。

游戏准备： 1条大毛毯或者1个大枕头。

❶ 将宝宝放在大毛毯的一端仰卧，妈妈跟宝宝说："宝宝，试试翻个身吧。"然后握住宝宝身侧的毯子向上提起，宝宝的身体被迫向另一侧翻过去，先翻成侧卧。

❷ 继续提高毯子，让宝宝从侧卧翻到俯卧。注意这个动作不要太猛，以免吓到宝宝。宝宝翻成俯卧后，可以停一下，将宝宝的两只胳膊抽出来放在前胸下方，刚好让宝宝练习一下抬头。

❸ 再次提高毯子，将宝宝从俯卧翻到侧卧，再从侧卧翻到仰卧，一直持续，就像宝宝在毯子上滚动一样，直到宝宝翻到毯子的另一边。

❹ 有时候妈妈会发现宝宝能自己把下半身翻到侧卧，但上半身还保持仰卧的姿势，这时妈妈可以用手或者用枕头扶起宝宝的上半身帮宝宝完全翻过去。

小贴士

在帮宝宝翻身的时候，要注意看宝宝的小胳膊，别扭到或压到。

56

小蜜蜂来了 哈哈！

游戏关键词

☑ 运动能力
☑ 身体协调性

游戏难度
★★★★★

适宜时间： 宝宝3个月后，手、脚动作多了起来，也会翻身了，最适合做这个游戏。

培养目的： 用颜色鲜艳的气球碰触宝宝身体各个部位，宝宝的身体会本能地做出反应，对肌肉发展和身体协调性都有好处。

游戏准备： 1个红色气球，1个黄色气球，充满气并在上面画上1只蜜蜂。

❶ 宝宝平躺在床上，妈妈拿着其中1个气球，缓缓接近宝宝，口中同时念儿歌："小蜜蜂来了，嗡嗡嗡，一会儿飞到东，一会儿飞到西。"

❷ 随着儿歌中"飞到东，飞到西"，妈妈拿着气球忽左忽右、忽上忽下地移动，一会儿落到宝宝的手上，一会儿落到宝宝的腿上。宝宝这时会移动眼球看气球，并试图用手去抓气球。

❸ 开始的时候，妈妈要躲开宝宝的手，别让宝宝抓到。在经过几个回合后，宝宝开始着急的时候就把气球递到宝宝手里，让宝宝体会下经过努力获得成功的快乐。

❹ 再换1个气球，放在宝宝左侧或者右侧，同时念儿歌，但就是不靠近宝宝，让宝宝只有翻身才能拿到，促使宝宝练习翻身。

小贴士

气球破碎后的小碎片很容易被宝宝吸入造成窒息，宝宝玩气球的时候，一定要有人在旁边看护。

游戏育儿百科

好朋友碰一碰

游戏关键词

✓ 运动协调性

游戏难度
★★★★

适宜时间： 4个月左右，宝宝就能把脚抬起并用手抓住了，这时可以玩这个游戏了。

培养目的： 本游戏让宝宝的四肢互相触碰，有助于发展四肢之间的运动协调性。

游戏准备： 不需要什么准备。

① 宝宝平躺在小床上的时候，妈妈站在宝宝身边，说："手和脚是好朋友，一起来玩碰碰。"捏捏宝宝的小手，再捏捏宝宝的小脚。

② 妈妈再说："我的左手和右手是好朋友，一起来碰碰。"把宝宝的左手和右手拉起来，相互触碰。然后说："我的左手和左脚是好朋友，一起来碰碰。"将左手和左脚相互触碰，接下来依次用左手碰右脚，右手碰左脚，右手碰右脚，最后用双手碰双脚。

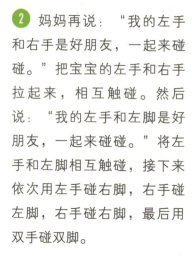

③ 让爸爸帮忙，妈妈的双手、双脚和宝宝的双手、双脚依照相似的顺序互相触碰，说："妈妈的双手和宝宝的双手是好朋友，一起来碰碰。"边说边让爸爸拿着宝宝的双手和妈妈的双手相互触碰。这样做可以让宝宝运动时学会与别人配合。

小贴士

如果宝宝的腿不能很好地抬起来配合手碰脚，妈妈不要强行拉扯，以免宝宝髋关节脱臼。

58

早教指导：
本阶段的大动作和精细动作锻炼

大概4个月的时候，宝宝头部已经可以完全直立并且稳定居中，妈妈可以较轻松地把宝宝竖直抱起来了，不用像以前必须横抱，感觉轻松了很多，看着宝宝好像也长大了很多，很有成就感。

宝宝确实也长大了很多，颈部、腿部、手部都有力了很多，只是腰部还不是很有力，除了要多注意护着宝宝的腰部外，你可以比较大胆地锻炼宝宝的身体，跟宝宝玩一些运动类的游戏。

3个月的宝宝能有意识地运用双手，能两只手交握，4个月的时候手臂非常有力，手指之间可以相互配合，5个月时学会两手分工，可一手拿一样玩具，6个月时可迅速拿起轻巧的物品；腿、脚力量在4～5个月的时候迅速增强，灵活度也提高，4个月时会用脚够东西，5个月时在大人扶持下能跳动并站立片刻；6个月时腰背力量有所增加，在有依靠的情况下可以稳稳地坐着。

根据宝宝身体力量发育的特点，妈妈可以有针对性地安排相应的锻炼，比如在4个月时锻炼拉坐，5个月时递送玩具，6个月时学坐等，训练宝宝的大动作和精细动作，适时发展宝宝的能力。

大跟头 哈哈!

游戏难度 ★★★★

适宜时间: 宝宝3个月以后就已经不是软软的一团,可以玩这个游戏了。

培养目的: 游戏里有侧翻的动作,可锻炼腰侧的肌肉,可以让宝宝学会保持平衡,应景的儿歌则有助于宝宝学习语言。

游戏准备: 不需要什么准备。

1 妈妈坐在软凳上,用小凳子将双腿垫高,让宝宝面对自己坐在大腿上,用手扶住宝宝的上臂,紧贴在身侧。

2 妈妈踮起双脚向左右轻晃双腿,让宝宝随着妈妈的双腿摇晃。

3 当宝宝安安静静,以为游戏就是如此的时候,妈妈开始念儿歌:"小胖子,靠墙坐,晃晃悠悠,跌倒了……"说到"跌倒"的时候,将一条腿抬高,另一条腿放低,让宝宝顺势倾倒,最后整个上身都落到妈妈的手臂上。

4 保持跌倒的姿势不动,妈妈继续念:"跌了一个大跟头。东一块,西一片,怎么把他拼起来?"说到"拼起来"的时候,轻轻挠一下宝宝的腋下或腰间等敏感的部位,然后扶着宝宝重新坐回腿上,再来一遍。

小贴士

宝宝跌落的那一侧,妈妈的手臂一定要用力护住,以免宝宝掉下去,被磕碰到或者吓着。

打水花 哈哈!

游戏关键词 ☑ 大动作 ☑ 因果关系 ☑ 快乐情绪

游戏难度 ★★☆☆☆

适宜时间： 3～4个月的宝宝腿脚有力，也较灵活，可以玩这个游戏，给宝宝洗澡的时候正适合玩，玩到水有些凉就停止。

培养目的： 打水花可以让宝宝的四肢更有力量、更灵活。水中游戏可以培养宝宝的快乐情绪，而且有助于宝宝认识事物因果关系。

游戏准备： 1个浴盆，装上水。

❶ 把宝宝放在浴盆里，可以让宝宝的头部枕着妈妈的胳膊，也可以直接放在浴床上。宝宝的头应高于脚，可以看到脚部的情况。

❷ 妈妈跟宝宝说"来，弄个水花"，并拿着宝宝的脚击打水面，让宝宝看到自己的脚弄出的成果。宝宝一旦发现是自己的脚制造了水花四溅，就会开始用力踢腿，越踢越有力，水花也越溅越高。

❸ 宝宝高兴地踢腿的时候，手臂一般不会一起打水，妈妈也可以提醒一下宝宝，拿着宝宝的双手去击打水面或者自己用手打水给宝宝看，让宝宝学会双手双脚相互配合一起打水花。

❹ 将宝宝扶着在浴盆里坐起来，妈妈示范把玩具从高处扔进水里，溅起水花，然后把玩具给宝宝，看宝宝会不会也这样做。

小·贴士

如果宝宝的眼睛和耳朵进了水，要及时帮他擦干。

游戏育儿百科

小飞机起飞了

游戏
关键词

☑ 大动作
☑ 平衡能力

游戏难度
★★★★★

适宜时间： 宝宝4个月时，腹部有一定力量，就能玩这个游戏了。

培养目的： 锻炼宝宝的肌肉力量，并让宝宝体会到平衡感。

游戏准备： 不需要什么准备。

1 宝宝平躺在床上，妈妈用广播的语气跟宝宝说："飞机马上就要起飞了，请检查飞机。"先检查宝宝的头部，摸摸宝宝的眼睛、耳朵、嘴巴，再捏捏鼻子，然后说："机头正常。"

2 检查"机身"，将宝宝双臂举过头顶，呈"Y"形，再弯曲双臂，将两手分别放在两肩上成"M"形，接着双手向右伸展，做一个"C"，最后让双手在胸前交叉形成"A"，做完后说："机身正常。"

3 检查"机尾"，将宝宝的双腿分开、抬高，再屈膝，做完后说："机尾正常，可以起飞了。"

4 妈妈坐在床上，双膝弯曲，竖抱宝宝使宝宝的肚子贴紧自己的小腿，上身慢慢向后倒、躺平，同时将小腿抬高与床平行，说："飞机飞，飞呀飞，飞走啦。"同时向前后左右各个方向运动双腿，让宝宝"飞翔"，最后放下双腿，游戏结束。

小贴士

等宝宝习惯了这个游戏，可以让宝宝仰面朝天躺在妈妈的腿上"飞"，以锻炼宝宝的胆量。

拍拍手、点点头

游戏关键词

✅ 精细动作能力

游戏难度
★★★★

适宜时间： 4～5个月的宝宝能在帮助下完成这个游戏。

培养方略： 拍手可以提高宝宝双手灵活性，让宝宝尽快学会自己拍手。点头则可以训练颈部关节和肌肉的灵活性。

游戏准备： 不需要什么准备。

❶ 妈妈让宝宝背对自己坐在怀里，双手握住宝宝的手腕，有节奏地念："拍拍手，点点头。"念到"拍手"的时候，就抓着宝宝的手腕让宝宝的两手相碰，说到"点头"的时候，就用下巴压着宝宝的头顶稍微用力，迫使宝宝点一下头。

❷ 上面的玩法练习了一段时间以后，改为妈妈示范，让宝宝模仿，边念"拍拍手，点点头"，边做动作，看宝宝会不会跟着做。刚开始跟做的时候，宝宝会双手往中间聚拢，但是不一定能碰到，但过不了几天，宝宝就能拍得"啪啪"响了。

❸ 妈妈示范、宝宝跟做的玩法进行一段时间以后，停止示范，只念"拍拍手，点点头"，看宝宝会不会自己做。

> **小贴士**
>
> 因为宝宝的记忆和学习能力较低，学习新本领往往需要较长时间并多次重复才能记住，所以妈妈一定要有耐心并且有规律地多教宝宝。

第三章

6~12个月
的游戏

早教指导：
培养开朗乐观的性格

开朗乐观是性格，也是心理状态，同时也是一种生活态度。开朗乐观的人的身体、生活乃至事业往往都更出色。想要宝宝开朗乐观，要从小开始培养，在6~12个月这段时间，妈妈可以做以下的事：

1.多跟宝宝玩藏猫猫游戏。在6~12个月这段时间里，有一段时间妈妈会发现宝宝比较黏妈妈，不愿意跟妈妈分开，这是宝宝出现分离焦虑了。这种分离焦虑如果处理不好，会直接影响宝宝的心态。在这段时间，妈妈可以多跟宝宝玩藏猫猫的游戏，用这种方式让宝宝明白妈妈消失后还会再出现，分离焦虑会少一些。

2.给宝宝创造快乐的家庭氛围。家庭氛围对宝宝性格的影响非常大，始终生活在快乐的家庭氛围中的宝宝，更容易养成开朗乐观的性格。为了宝宝，家庭成员之间要尽量减少争吵、冷战等对抗性行为。

3.让宝宝多接触别人。这个阶段，妈妈可以多带着宝宝接触不同的人，接触的人多，可以有效减少宝宝怕生的情绪，让宝宝更开朗。

4.不过度满足宝宝的愿望。要什么有什么，反而不容易开心。适当拒绝宝宝的要求，让宝宝再等等，在要求实现的时候开心会放大几倍，而且等待的过程也是充满希望的过程，在这个过程中，乐观的心态会逐渐培养出来。

当宝宝长大一些，妈妈还要给宝宝一定的选择权和决定权，并培养宝宝多样化的兴趣，积极引导宝宝摆脱困境，帮宝宝多交朋友，让宝宝成长为拥有开朗乐观性格的人。

藏猫猫

游戏关键词
☑ 减少分离焦虑
☑ 物体恒存性

游戏难度
⭐⭐⭐⭐⭐

适宜时间： 宝宝在6个月的时候就可以玩这个游戏了。

培养目的： 藏猫猫的游戏通过反复消失和出现让宝宝明白物体恒存性的概念，妈妈作为消失再出现的对象，可以有效减少宝宝的分离焦虑。

游戏准备： 1块小毛巾，1个小玩具，1个盒子。

1 把1个小玩具和1块小毛巾一起放在宝宝的面前，当着宝宝的面用毛巾盖住玩具，让玩具稍微露出一角问问宝宝："玩具哪去了？"看宝宝还会不会继续盯着玩具所在的地方看。

2 妈妈指点宝宝看玩具露出的一角，从这一角开始慢慢揭起毛巾，说："啊，还在这里，被毛巾盖住了。"以后发展到当着宝宝的面用毛巾盖住整个玩具，鼓励宝宝揭起毛巾找到玩具，再发展到背着宝宝的面藏起玩具，让宝宝去寻找。

3 爸爸坐在椅子上，拿出一个盒子，说："这是给宝宝的礼物，宝宝看一看。"当宝宝凑近时，快速把盒子藏到身后："礼物不见了，宝宝快找找。"然后在宝宝寻找时让礼物突然出现，宝宝会很高兴。

4 妈妈在宝宝不注意的时候藏起来，等宝宝寻找妈妈到快哭时突然出来，说："我在这里。"

小·贴士

妈妈跟宝宝玩藏猫猫游戏的时候，一定要在宝宝哭出来之前就出现，否则只会增加宝宝的分离焦虑。

到户外去

哈哈！

游戏关键词　　✓ 积极的情绪　✓ 认知

游戏难度 ★★★★★

适宜时间： 6个月左右的宝宝就时不时会要求到外面玩了，天气晴暖、阳光不太强烈的时候就可以满足宝宝的要求。

培养目的： 在广阔天地成长起来的宝宝往往比久居室内的宝宝性格更开朗、更乐观，带宝宝多到户外活动是培养乐观开朗性格所必须的。

游戏准备： 带一些适合在户外玩的玩具和装备，比如野餐垫。

1 用快乐的语气跟宝宝说："到外面玩去喽。"已经习惯这句话的宝宝此时一定非常高兴。这时可问问宝宝到外面需要带什么，让宝宝逐渐意识到外出需要做准备。

2 给宝宝打扮好后，带宝宝到处看看、摸摸、闻闻，最合适的地方是小区花园，宝宝在那里会成为主要关注对象，很多人会来跟宝宝打招呼，大点的小朋友也会来逗他，可以减少宝宝的怕生情绪。

3 在草地上铺一块野餐垫，让宝宝在上面躺着看云，或者爬一爬、滚一滚，都能带给宝宝正面、积极的情绪体验。等宝宝会走了，户外游戏可逐渐丰富起来。

小贴士

　　带着小宝宝外出时，最好穿满裆裤或者包好纸尿裤，避免外阴受到污染和伤害，同时要预防宝宝把不能吃或不干净的东西放到嘴里。

做鬼脸

哈哈！

游戏关键词
☑ 乐观开朗
☑ 调整情绪

游戏难度
★★★★★

适宜时间： 在宝宝伤心的时候玩这个游戏特别好，当然开心时也能玩。

培养目的： 乐观开朗的人总是有办法让自己从负面情绪中解脱出来，这个游戏可以让宝宝学到这种积极的做法。

游戏准备： 想好几个鬼脸，把手放在眼睛上当眼罩、在嘴巴上画胡子、上拉嘴角、下拉眼睛、模仿小动物的样子等都可以。

❶ 当宝宝哭闹不休时，妈妈在宝宝看不见的地方叫宝宝："宝宝，看妈妈。"宝宝转过脸之前，妈妈就把鬼脸做好，宝宝肯定会惊愕。

❷ 当宝宝惊愕发愣的时候，妈妈恢复本来样貌，然后当着宝宝的面再做出鬼脸，宝宝可能就会破涕为笑了。

❸ 把宝宝抱到镜子前，妈妈帮宝宝做鬼脸，让宝宝从镜子里发现自己的变化。满1岁时，宝宝可能会学会1~2个鬼脸，每当宝宝做鬼脸，妈妈就要大笑或者假装受惊吓，让宝宝有成就感。

❹ 妈妈假装哭泣，爸爸让宝宝哄哄妈妈，帮宝宝做几个鬼脸。妈妈看到鬼脸就笑起来，让宝宝体会到鬼脸的魅力。

小·贴士

如果宝宝对妈妈的鬼脸无动于衷，可能是鬼脸没做到位，需要再夸张些。

小鸟小鸟飞上天

- ☑ 减少害怕情绪
- ☑ 乐观开朗

游戏难度
★★★★★

适宜时间： 6个月以上的宝宝懂得害怕，适合玩这样的游戏。

培养目的： 有了害怕情绪的宝宝玩这个游戏时会体会到从提心吊胆到"一块石头落了地"的踏实感，可以帮助宝宝建立乐观开朗的性格。

游戏准备： 1个小巧的塑胶小鸟玩具。

1 妈妈将小鸟玩具放在掌心上给宝宝看，说："小鸟小鸟飞上天。"将小鸟玩具高高抛起，引导宝宝看小鸟玩具被抛起又落下，被妈妈接住，妈妈跟宝宝说："小鸟好勇敢啊。"

2 扶着宝宝的腋下，让宝宝站起来，跟宝宝说："宝宝也像小鸟一样飞上天吧。"边说着"小鸟小鸟飞上天"，边夹着宝宝的腋下将宝宝高高举起。
妈妈双手将宝宝举起一定高度后，对宝宝说："小鸟小鸟要降落啦。"再将宝宝放下来，让宝宝感受"飞起""下降"的快乐。

小贴士

跟宝宝玩这个游戏的时候，妈妈千万不能分心，以免宝宝摔落受伤。

早教指导：
增强宝宝记忆力

宝宝出生的时候就已经有了一定的记忆力，但是记忆内容比较简单，记忆方式也与成人不同，训练宝宝的记忆力时要尊重宝宝的记忆特点，这样才能更有效。

首先我们看宝宝记忆的内容。宝宝最早能记住的是自己的运动和动作，比如手抓握东西、翻身、抬头等；其次是对自己体验过的情绪和情感的记忆，刚出生时有不好的情绪体验，会影响宝宝接下来一段时间的状态；再次记住的是形象，这是婴儿期最主要的记忆内容，靠着这类内容的记忆，宝宝认识妈妈，分清熟人和陌生人；最后记住的是语言，语言是宝宝最晚开始记忆的内容，而其接受、记忆的速度也是最慢的。

在宝宝的婴儿期，记忆的训练应该是分阶段和分类别的，并且不同的记忆内容要有不同的训练方式。

其次看宝宝记忆的特点。第一，宝宝的记忆是无意识的，不会主动选择记忆内容，妈妈让宝宝记什么，宝宝就会记什么，没有自己的意见；第二，宝宝的记忆以机械记忆为主，他们对记住的内容并不理解；第三，偏重于形象记忆，对直观、形象、有趣味、能强烈刺激眼球的东西记忆更深；第四，因为宝宝的记忆是无意识的、机械的，所以属于记得快，忘得也快的类型，今天学会了，明天可能就忘得一干二净了。

基于这4个特点，训练宝宝记忆力时应该尽量将记忆内容形象化，并且多次重复。

捉迷藏的图片

游戏关键词　☑ 记忆力　☑ 观察力　☑ 分类概念

游戏难度　★★★★★

适宜时间： 7个月以上的宝宝就可以玩，每天重复玩几次都可以。

培养目的： 从几张图片中挑出指定的1张，是对形象记忆力和观察力的锻炼和考察，而且这个游戏中图片的类别性较强，可以帮助宝宝建立分类的观念。

游戏准备： 画有嘴巴、耳朵、鼻子、眼睛、眉毛的图片各一张。

❶ 把5张图片一起拿给宝宝，一张一张地翻给宝宝看。看宝宝看到嘴巴的时候是不是特别兴奋，这是宝宝熟悉的形象。

❷ 将5张图片夹在一起交给宝宝，告诉宝宝："嘴巴藏起来了，找找嘴巴在哪里？"宝宝会翻看，翻到嘴巴就会呵呵笑着看妈妈。妈妈也凑过去看看，说："果然是嘴巴。"

❸ 将包括嘴巴图片在内的2张图片并排放在宝宝的面前，当着宝宝的面翻到背面，边翻边说："嘴巴藏起来了。"翻完后，问宝宝："嘴巴在哪里？"

❹ 妈妈将其中一张拿起来，说："嘴巴藏在这里。"或者说："嘴巴没有藏在这里。"诱导宝宝将图片翻过来找到嘴巴。

小·贴士

　　宝宝一般是对内容特别熟悉的图片感兴趣，妈妈可以观察自己的宝宝，选择宝宝感兴趣的内容来玩这个游戏。

找到帽子就去玩

 游戏关键词 ☑ 生活规律 ☑ 记忆力

 游戏难度 ★★★★★

适宜时间： 8个月左右，带宝宝出去玩的时候可以玩这个游戏。

培养目的： 玩这个游戏，除了增强宝宝的记忆力之外，还能让宝宝明白一些生活规律，并学会跟别人配合。

游戏准备： 根据对游戏熟悉的程度，调整帽子的隐藏方式。

1 带宝宝出门时，把宝宝的帽子放到宝宝可以看见的地方，对宝宝说："去找找你的帽子，找到帽子就去玩。"

2 在宝宝找到帽子后，及时给予表扬，并且兑现诺言，带宝宝到外面玩一会儿。因为开始的一段时间，宝宝都是喜欢到固定的地方寻找，所以宝宝的帽子要放在固定的地方，让宝宝能够看得到。

3 宝宝如果找不到，妈妈要给宝宝适当指点或者抱着宝宝到各处去找。找过一段时间，妈妈把帽子换一个地方放，再次出门时让宝宝找，看宝宝在固定地方找不到时，会不会到别的地方找。

4 当宝宝已经能想到到别的地方寻找之后，妈妈就用毛巾或者衣服等盖住帽子的部分或者全部，让宝宝再次寻找。

小贴士

宝宝对自己的情绪反应记忆时间较长，无论何时都不要哄骗宝宝。比如，说了找到帽子就玩，那找到帽子后就一定要去玩，以免给宝宝留下负面印象。

游戏育儿百科

杯子与小球

哈哈!

游戏
关键词

☑ 里外概念
☑ 记忆力

游戏难度
★★★★★

适宜时间： 9个月以上的宝宝都可以玩，可以过1小时、过1天重复玩几次，或者过几天以后再玩，看宝宝是否记得。

培养目的： 这个游戏在训练宝宝记忆力的同时能让宝宝理解里外的概念并体会到容器的意义。

游戏准备： 1个玻璃杯、1个瓷杯、1只乒乓球和1只弹球。

1 当宝宝看着妈妈时，妈妈抓起乒乓球放进玻璃杯里并拿起杯子摇晃几下。

2 妈妈摇晃完后将杯子交给宝宝，看宝宝是否会模仿妈妈的动作也将杯子拿着晃几下。

3 以上两步做过几次以后，将杯子和乒乓球都放在宝宝面前，看宝宝是否会把乒乓球拿起来放进玻璃杯并拿起杯子摇晃。

4 将瓷杯、玻璃杯和乒乓球都放在宝宝面前，或者把乒乓球、弹球和玻璃杯一起放在宝宝面前，看宝宝是否会把乒乓球拿起来放进玻璃杯里，观察宝宝是否还记得玻璃杯和乒乓球的组合方式。

小贴士

　　为检验宝宝的记忆力，在玩过这个游戏几次后，可以将杯子和小球放在一边，改玩别的，过1小时后再玩，看看在没有示范的情况下，宝宝是否还会将乒乓球装到玻璃杯里摇晃。

身体与语言

游戏关键词
☑ 语言能力
☑ 认识身体

游戏难度
★★★★★

适宜时间： 11个月以上的宝宝已经具备了比较强的机械记忆力，可以玩这样的游戏。

培养目的： 这个游戏可以让宝宝认识自己的身体部位并记住一些汉语词汇，对记忆力开发和语言智能开发都有好处。

游戏准备： 不需要什么准备。

❶ 抱着宝宝到镜子前面，先指点宝宝的五官让宝宝认识，指点一个部位，简单告诉宝宝这个部位的名称，比如指点着鼻子，就说："鼻子，鼻子。"

❷ 每个部位都是先由妈妈指点给宝宝看，再拿着宝宝的手一起指点，最后妈妈不动手，让宝宝听到"鼻子"这个词就自己用手指点。

❸ 把宝宝记住的口头语言用有趣的形式表现出来，比如宝宝已经记住鼻子，妈妈在指点鼻子的时候可以嘴里念："鼻子，鼻子。"宝宝会很喜欢这种互动方式。

小贴士

让宝宝学词语最好一个一个来，记住一个再学下一个，更容易出成绩。

早教指导：
增强宝宝观察力

　　因为观察可以为大脑提供大量信息，所以观察力是大脑发展的动力之一。有目的地观察对提高宝宝将来的学习成绩、学会正确的为人处世方法是非常必要的。培养观察力应该从小就开始，培养时要注意以下3点：

　　1.从兴趣出发培养观察力。任何人都是对自己感兴趣的对象更善于观察。宝宝感兴趣的一般是色彩鲜明的、会活动的东西，培养观察力可以从会动的玩具、昆虫、花朵等开始，之后扩展到大自然、社会，最后开始观察大千世界。

　　2.教宝宝有目的地进行全面细致地观察。有目的、有条理地观察才能起到学习的效果。引导宝宝观察的时候要遵循由近及远、由表及里、由局部到整体的顺序，也可以按照由整体到局部，由明显特征到隐蔽特征的原则进行。

　　3.给宝宝提供良好的观察环境和观察对象。父母可以在家里种些花草，便于宝宝观察，也可以多带宝宝到商场、动物园、公园等地方看看，稍大些还可以带着宝宝看画展、花展等有意思的展览。

　　以上3点，最重要的是第二点，就是父母的引导，因为宝宝最初的观察力有限，如果给了宝宝感兴趣的、有意思的东西，但父母不理不睬，只让宝宝自己玩，宝宝发现不了更多新鲜有趣的环节，是很难产生兴趣继续观察下去的，细致入微地观察更无从说起，培养观察力就是空谈了。

　　另外，需要注意的是，观察的对象不宜太复杂，超过宝宝的观察能力，那就无法引起宝宝的兴趣，也就无从谈起细致、全面、有目的了。

观赏彩鱼 哈哈!

游戏关键词　☑ 视觉能力　☑ 观察力

游戏难度　★★★★★

适宜时间： 6个月的宝宝的眼睛有了较好的追踪能力，可以玩这个游戏。

培养目的： 用眼神追踪颜色鲜艳的物体是宝宝最喜欢的事，五颜六色、游来游去的鱼最能吸引宝宝的注意。

游戏准备： 养一缸鱼，或带宝宝到有鱼的地方如海洋馆。

① 把宝宝抱到鱼缸前，让宝宝的视线和鱼缸里的鱼齐平，宝宝自然而然就会被吸引。不过妈妈还是要解释一下："鱼，这是鱼，好多鱼呀。"

② 选择鱼缸里最大或颜色最鲜亮的一条鱼，指给宝宝看，然后手指跟着鱼的游动指点："这条鱼跑到那里去了。"让宝宝追踪这条鱼。

③ 当追踪的鱼消失后又出现，立刻用惊奇的语气说："咦，这条鱼又回来了。"这有助于让宝宝了解"物体恒存"的概念。

小·贴士

　　宝宝的小手尽管不够灵活，但力道还是不小的，如果鱼缸较小，要防备宝宝突然伸手扳倒打碎。

运动场上的观察员

游戏关键词
- ✅ 视觉能力
- ✅ 观察力

游戏难度
★★★★★

适宜时间： 天气晴好、运动场上人多的时候就可以带宝宝到运动场去玩这个游戏。

培养目的： 宝宝喜欢看有人运动的场景，带着宝宝看球赛时，跑动或跳动的球、鲜艳的球衣都能极大地激发宝宝的观察兴趣。

游戏准备： 提前观察好什么时候有比较多的人在运动。

1 到了运动场后，将宝宝抱在腿上就可以开始观察了。假如看的是足球比赛，先引导宝宝观察整体，说："哇，人好多呀。他们都朝远处跑去了，追足球呢。""有蓝色球衣，有红色球衣。"

2 观察完整体，再观察局部，球是宝宝最关心的物品了，但宝宝的视线不一定能跟上球的运动，需要及时指出球的位置给宝宝看："看，球跑到右边去了，球朝着我们来了。"

3 再观察比较特别的，指点守门员给宝宝看："咦，那个哥哥的球衣怎么不一样呀，他怎么不跟着球跑呢？"

4 如果可以，在运动的人们休息的时候，妈妈可以把球要过来给宝宝看一看，让宝宝从近处细致观察一下那个滚动的东西是什么样子的。

小·贴士

在运动场边观看的时候，球可能会朝着你们飞过来，要保护好宝宝，别让球打到。

不一样了　哈哈!

游戏关键词
☑ 观察力
☑ 注意力

游戏难度
★★★★★

适宜时间： 6个月以上的宝宝就会注意到特别之处，可以时不时玩这样的游戏。

培养目的： 对于宝宝注意到的特别之处略作强调，可以引起宝宝更持久的注意，对于宝宝不注意的特别之处着意指出，让宝宝发现观察对象。

游戏准备： 眼镜、宝宝霜、饭粒、纸条等可以在脸上做出特别之处的东西。

❶ 观察宝宝，有时候会发现宝宝一直盯着某个陌生人看，可能是宝宝发现了这个人的特别之处，比如戴眼镜。妈妈发现之后可以帮宝宝指出："奶奶跟妈妈不一样，戴着眼镜，眼镜。"

❷ 回到家，妈妈戴眼镜给宝宝看，跟宝宝说："妈妈也不一样了。"看宝宝是否会惊奇地盯着妈妈看。然后，妈妈不断戴上和摘下眼镜让宝宝观察戴眼镜和不戴眼镜的区别。

❸ 给宝宝洗完脸，给宝宝点上宝宝霜再抱到镜子前说："宝宝不一样了。"让宝宝看看脸上多了什么。

❹ 将饭粒、纸条等粘到宝宝的脸上，妈妈说："哇，不一样了。"再让宝宝照镜子，看宝宝能不能发现自己脸上的变化。

小·贴士

宝宝发现别人脸上的特别之处时就会伸手去抓，要小心别让宝宝把人抓伤。

缺什么，多什么

适宜时间： 8个月以上的宝宝可以尝试玩这个游戏。

培养目的： 同样的两个拼图，改变其中一个的结构，让宝宝发现不同之处，增强宝宝的观察力，并且在游戏中学会理解数学概念——少和多。

游戏准备： 两个完全一样的动物拼图。

1 把两个动物拼图拼好后放在宝宝的面前，让宝宝观察一会儿，问问宝宝："这两个小动物是不是一模一样呀？"

2 把其中一个小动物的一部分比如腿拿走，然后问宝宝："这两个小动物还一样吗？这个小动物的腿比这个小动物的腿少1条，是不是？"看宝宝是否会盯着小动物的腿看，再强调一遍："对了，这个小动物少了1条腿。"

3 将两个已经不同的小动物调换一下位置，看宝宝是否还会注意看两个不同的部位。之后依次将其中一个小动物的身体部件拿掉，看宝宝是否能次次注意到。

4 跟宝宝一起拼图形，故意将其中一个部件扔到一边，让宝宝看看小动物缺了什么部件，然后指示宝宝找到缺失的部件并装上去。

小·贴士

游戏中观察宝宝的表现，如果宝宝对此没有表现出兴趣，说明宝宝还玩不了这个游戏，可以过段时间再试。

跷跷板，飞呀飞

游戏关键词
☑ 方位概念
☑ 观察力

游戏难度
★★★★★

适宜时间： 10个月以上的宝宝都可以玩。

培养目的： 这个游戏能让宝宝直观地看到跷跷板两头的高低变化，可助宝宝明白方位概念，而高低变化与两边受力程度相关，这对宝宝的逻辑思维能力也有推进作用。

游戏准备： 带宝宝到有跷跷板的场地玩耍，并准备1套天平玩具。

❶ 抱着宝宝去玩跷跷板，每次翘起来的时候妈妈就说"高"，落下去的时候说"低"，让宝宝感受高低变化。

❷ 将1个玩具绑在跷跷板的另一头，每次宝宝这边翘起来的时候说："玩具下去了。"落下去的时候又说："玩具上来了。"让宝宝感觉、对比玩具与自己的方位变化。

❸ 把天平玩具拿给宝宝玩，开始的时候保持平衡，然后在其中一边放1个玩具，让宝宝看到一边低下去，问问宝宝："咦，怎么左（右）边高了，右（左）边低了？"再在另一边放1个玩具，让天平的另一边低下去，让宝宝观察变化，最后调整到两边平衡。

❹ 妈妈拿着宝宝的手放在天平的两端，让宝宝感觉手用力不同时天平的变化。

小·贴士

妈妈抱着宝宝在跷跷板上的时候，手一定要扶着宝宝的胸部，以免宝宝头重脚轻磕到跷跷板上。

观察蚂蚁

 哈哈!

游戏关键词

☑ 观察力
☑ 注意力

游戏难度
★★★★★

适宜时间： 将近1岁的宝宝对小昆虫有了大兴趣，可以开始尝试观察蚂蚁等。

培养目的： 观察昆虫时，宝宝的注意力维持时间比较久，对观察力培养和注意力培养都有益，另外还会让宝宝学会爱护小生命。

游戏准备： 1个放大镜。

1 带宝宝到户外，找一处蚂蚁窝，提醒宝宝看地下这些黑黑的、小小的、快速移动的小生命。

看，蚂蚁变大了。
看，蚂蚁又变小了。

2 把放大镜放到某只小蚂蚁的上方，让宝宝看放大镜里的小蚂蚁，宝宝会惊奇地发现小蚂蚁变大了，妈妈这时候还要强调一下："看，蚂蚁变大了。"然后拿开放大镜说："看，蚂蚁又变小了。"宝宝的观察兴趣会增大。

3 用放大镜一直跟踪一只小蚂蚁，让宝宝看到这只小蚂蚁如何前进、如何跟其他小蚂蚁碰头等。

4 在这期间，妈妈可以拿一根小草轻轻拨弄蚂蚁，让宝宝看看会有什么变化，增强宝宝的注意力。

小·贴士

在观察小昆虫的时候，妈妈要注意千万不要弄死它们，以免宝宝学了去伤害别的小生命。

早教指导：
培养宝宝的自知智能

　　自知智能指的是一个人对自己的了解和控制能力，有自知智能的人能意识到自己的动机、愿望、意志、情绪状态等，并加以调节，使自己向着好的方向发展，做到自律、自知和自尊。

　　一个高自知智能的宝宝对妈妈来说最突出的表现就是很省心，这样的宝宝小时候很少任性地大哭大闹，长大后能够自己管理自己，有目标而且能执行，不需要妈妈事事操心。

　　不过，小宝宝的自知智能是很低下的，大部分在6个月时才能意识到自己是独立存在的，到7～9个月时能控制自己暂时不去做不被允许做的事，但都是不高兴就哭或发脾气，对自己的情绪没有任何控制能力，一直到2～3岁时才能真正开始遵守规则，服从要求，并实现部分自理。

　　培养宝宝的自知智能，父母要做到：

　　1.不过度保护、照顾宝宝，也不过分娇惯宝宝，在2岁左右就可以给宝宝一些自主权利，父母不要一手包办，让宝宝有机会管理自己的生活。

　　2.放开手让宝宝多体验、接触更多变的环境。

　　3.当宝宝为父母做了一些事，父母要说谢谢；宝宝有要求，要认真体会或倾听，不随便打断宝宝的话，让宝宝感受到尊重。

　　4.宝宝做对了的事，要让宝宝明白对在哪里，做错了要让宝宝知道错在哪里，该如何改进。知道是非对错的宝宝能更好地控制自己的行为。

　　父母切忌一点，就是随意责骂宝宝。经常责骂会让宝宝失去对自己行为的判断能力，对提高自知智能是有害无益的。

我的身体

哈哈!

游戏关键词

☑ 独立意识
☑ 自知智能

游戏难度
★★★★★

适宜时间: 6个月左右开始玩,到8个月左右宝宝就能在指导下基本配合了。

培养目的: 让宝宝认识自己的身体,意识到宝宝是独立存在的,知道自己就是自己,别人是别人,这是培养自知智能的第一步。

游戏准备: 1面镜子。

1 把宝宝抱到镜子前,将宝宝的五官、身体部位等指给宝宝看:"这是宝宝的眼睛。"同时指出自己的:"这是妈妈的眼睛。"对着镜子多指几遍,让宝宝逐渐意识到宝宝与别人都是独立的,各有一套"设备"。

2 妈妈与宝宝面对面坐着,妈妈问:"宝宝的耳朵在哪里?"妈妈用手摸摸宝宝的耳朵,再抓着宝宝的手去抓抓宝宝的耳朵,让宝宝通过触觉感受意识到这是自己身体的一部分。

3 宝宝能指出自己的身体部位以后,可以让宝宝认识一下这些身体部位的功能,比如问问:"宝宝的耳朵是干什么的?"趴在宝宝耳朵边说句悄悄话,告诉宝宝:"耳朵是听声音的。"

小贴士

宝宝学会指认以后,也不一定每次都能准确指出,妈妈可指指自己的对应部位,看宝宝能否反应过来。

 勺子着陆 哈哈！

游戏关键词 ☑ 自理能力

 游戏难度 ★★★★★

适宜时间： 宝宝6个月开始吃辅食时，就可以玩这个游戏了。

培养目的： 让宝宝接受陌生的进食方式比较难，用这个游戏可以成功降低难度，如果宝宝学会用勺子吃饭，发展到自己吃饭就容易很多了。

游戏准备： 一把婴幼儿专用勺。

❶ 吃辅食时，把勺子放在宝宝眼睛前上方，嘴里说着："飞机飞来降落啦。"边说边让勺子下降，说到"降落"的时候，勺子到宝宝的嘴边。在这个过程中宝宝的嘴会始终保持张开的状态，辅食很容易就喂进去了。

❷ 把勺子放在桌子底下或者宝宝的餐椅下方，给宝宝喂辅食的时候将勺子快速移上来到达宝宝嘴边，妈妈嘴里可以说："火箭起飞啦，在月亮上着陆啦。"

❸ 把勺子放在与宝宝嘴巴齐平的地方，上下晃动勺子的同时，快速向宝宝移近，嘴里可以发出类似火车开动的声音比如"呜呜""咔嚓咔嚓"等，然后说"火车就要进站了"，同时将辅食喂到宝宝嘴里。

小·贴士

到了9～10个月的时候，宝宝就会抢妈妈手里的勺子了，可以给宝宝另外准备一只供练习使用。

宝宝等一等

哈哈!

游戏关键词
☑ 情绪控制
☑ 耐心

游戏难度
★★★★★

适宜时间： 宝宝7～8个月的时候能够安静等待一会了，可以开始玩这个游戏。

培养目的： 在宝宝有要求的时候，让宝宝等一等，可以培养宝宝的耐心，让宝宝学会控制自己的欲望，对促进宝宝学会管理自己的情绪有好处。能控制自己的情绪是自知智能较高的一个显著表现。

游戏准备： 不需要什么准备。

❶ 当宝宝想要吃奶的时候，妈妈可以不急着满足宝宝，而是告诉宝宝："宝宝等一等。"不过此时要让宝宝明白妈妈已经知道宝宝的意思了，并正在做准备，比如让宝宝看着妈妈冲洗奶瓶、装奶粉、灌水等动作，这样宝宝才愿意等一等。

❷ 当宝宝想要出门的时候，也可以延迟满足宝宝，告诉宝宝"宝宝等一等"，然后让宝宝看着妈妈进行洗脸之类的出门准备动作，他也会在旁边安静等待。

❸ 宝宝要出门的时候，还可以给宝宝安排些活来做，让宝宝能把出门这件事稍往后放，比如让宝宝去找帽子，把枕头放回床上等，这也可以让宝宝学会忍耐。

小贴士

在让宝宝等待的过程中，让宝宝知道你正在为满足宝宝的需求做准备是很重要的，宝宝有权知道自己被延迟满足的原因，这也有助于培养宝宝对父母的信任感。

 火车进山洞 哈哈!

游戏关键词 ☑ 自理能力

 游戏难度 ★★★★★

适宜时间： 10个月以上的宝宝可以玩这个游戏。

培养目的： 这个游戏让穿衣变得有趣，宝宝接受起来很容易，为他学会自己穿衣打下基础。

游戏准备： 不需要什么准备，在给宝宝穿衣服时顺便玩就可以了。

① 给宝宝穿衣时，妈妈拿着宝宝的裤子，先穿一条腿，嘴里说"火车进山洞了"，同时把宝宝的腿塞到裤腿里再拉出来。

② 妈妈为宝宝穿好一条腿，再穿另一条腿时，嘴里说着"火车进山洞了。哎呀呀，我迟到了"，快速把这条腿伸到裤腿里后，就说"终于撵上了"，然后把宝宝提起来，将裤子提上去就可以了。

③ 妈妈可以变变花样，把宝宝的两条腿穿到同一条裤腿里，然后说"火车进山洞了，哎呀呀，撞车了"的同时，赶忙抽回一条腿，穿到另一条裤腿里去。

④ 这样的游戏玩过一段时间以后，可以在钻山洞的时候问问宝宝先钻哪一条，让宝宝自己选择伸左腿还是伸右腿。能够自主的感觉也会让宝宝乐意玩这个游戏。

小·贴士

穿上衣，让宝宝伸胳膊、伸头的时候都可以说"火车进山洞了"，让宝宝慢慢学会配合。

早教指导：
开发宝宝的社会交往智能

　　社会交往智能的高低代表了一个人的人缘好坏，指的是其与人交流的能力。对宝宝的社会交往智能，父母也应该重视，高的社会交往智能对宝宝将来事业成功、家庭幸福都有不可估量的益处。父母平时要多观察宝宝，如果宝宝不怕生，到了陌生地方也能安适自在，喜欢和每个人玩，对别人有同情心，能与人分享自己的东西，这说明宝宝的社会交往智能较高，反之就要多做引导了。

　　为培养高社会交往智能的宝宝，父母一定要以身作则，做好宝宝的榜样。

　　首先，家庭内部要和睦，父母之间不争吵，对宝宝不粗暴，在外要和善待人，友善对待邻居。如果家庭成员之间或者跟外人之间经常争吵，宝宝就会误以为这就是正常的人际关系，也会拿这套来对待别人而不知道人与人是可以平和地沟通的。

　　其次，对自己和对他人要求一致，要求宝宝做到的事，自己也必须做到，答应宝宝的事一定要做到，说话算话，并且要遵守公德。不要一边给宝宝提高要求，一边放纵自己任性而为，否则尽管你让宝宝向好的一面发展的目的很好，也恐怕很难实现。

　　总之想要宝宝成为什么样的人，自己就要做个什么样的人。

　　当宝宝长大一些，要放手让宝宝跟其他小朋友玩耍，在玩耍中宝宝会学到如何与人相处，如何处理矛盾，如何遵守规则等，这都是在实际社会交往中所需要的。

小饭伴 哈哈！

游戏关键词
☑ 自理能力
☑ 交际能力

游戏难度
★★★★★

适宜时间： 宝宝6个月时，此时正当加辅食的时候，开始用勺子和小碗吃东西了。

培养目的： 让玩具陪着宝宝吃辅食，可以让宝宝体会到玩伴给自己带来的快乐，同时能让宝宝更顺利地接受辅食。

游戏准备： 宝宝喜欢的毛绒熊。

❶ 将毛绒熊放在宝宝身边，让他们并排而坐，跟宝宝说："小熊是宝宝的小饭伴，你们一起吃饭。"给宝宝和玩具都系上围嘴。

❷ 妈妈把辅食拿过来，用小勺子假装在小碗里舀一下，喂给玩具，说："小熊真好，都吃下去了。"再舀一勺喂给宝宝，宝宝也会愉快地吃下去，也夸一下宝宝。

❸ 妈妈抱着玩具坐在宝宝对面，将玩具的手和小勺子一起握在手里，舀食物喂给宝宝，告诉宝宝："小熊来给宝宝喂饭了。"然后用小熊的口气说："小宝宝，张开嘴。"宝宝吃完了，还要模仿小熊的语气夸一下宝宝。

❹ 当宝宝长大几个月，可以让宝宝自己拿一把勺子，把小熊放在宝宝的怀里，妈妈喂宝宝，让宝宝喂小熊。

小贴士

当宝宝已经接受辅食并吃得很好了，就不需要玩这样的游戏了，让宝宝养成专心吃饭的习惯也很重要。

游戏育儿百科

玩具是我的

哈哈！

游戏关键词
- ✓ 精细动作能力
- ✓ 社交能力

游戏难度
★★★★★

适宜时间： 6个月的宝宝，开始懂得保护自己的玩具，正适合玩这个游戏。

培养目的： 这个游戏拉拉扯扯，可锻炼宝宝手部的力量，有强抢、交换等情节，可以培养宝宝的社会交往智能。

游戏准备： 一些方便抓握的条形玩具或带着环的玩具，比如手摇铃、哗啷棒等。

① 宝宝正在玩着玩具的时候，妈妈用力争夺，跟宝宝说："给妈妈玩玩吧。"看宝宝什么表情，宝宝可能会做出惊愕的表情看着你，同时手上用劲回夺。

② 宝宝用劲回夺，妈妈就不要继续抢了，你可以说："宝宝不愿意给妈妈啊？那妈妈跟你交换怎么样？"把另外的玩具递到宝宝的面前，宝宝一般会"喜新厌旧"地丢弃手上的玩具而取去你手上的，你就可以把宝宝丢掉的拿到手上再跟宝宝交换。

③ 妈妈跟宝宝坐在一起，让爸爸假装来抢玩具，妈妈帮宝宝回夺，边夺边说："这是宝宝的玩具，爸爸不能抢。"

④ 妈妈帮宝宝抢回玩具后，让宝宝把这些玩具搂到身边并紧紧抱住，告诉宝宝这是宝宝自己的玩具，爸爸不能抢。

小·贴士

跟宝宝抢玩具的时候，最好不要逗哭了再哄，那样的游戏方法对宝宝有害无益。

认识·小·朋友

 哈哈!

游戏关键词

☑ 克服怕生心理
☑ 社交积极性

游戏难度
★★★★★

适宜时间： 7～8个月的宝宝已经开始关注其他小朋友了，可以从这时开始玩这个游戏。

培养目的： 宝宝对小朋友的戒备心最小，可以带比较怕生的宝宝多玩这个游戏，从认识其他小朋友开始激发宝宝对别人的兴趣，以后扩大到更大的人群，逐渐摆脱怕生情绪。

游戏准备： 给宝宝带些玩具出去玩。

❶ 先抱着宝宝跟别的带着宝宝的妈妈聊天，在妈妈们聊天的过程中，宝宝自己会观察、关注另外的宝宝，陌生感就会逐渐消除。

这是小朋友的脸，这是手。

❷ 当宝宝坦然地看着其他宝宝，不再陌生的时候，妈妈伸手摸摸这个宝宝，也拿着宝宝的手去摸摸这个宝宝，并跟宝宝说："这是小朋友的脸，这是手。"让宝宝更加熟悉、亲近这个小朋友。

❸ 然后把宝宝的手和小朋友的手放在一起，让宝宝观察一下，他们是一样的，让宝宝进一步产生认同感。

❹ 鼓励宝宝把自己的玩具送给小朋友玩，也跟小朋友要他的玩具玩会儿，等到要分开时再将各自的玩具拿回。

小·贴士

小宝宝虽然还不会跟别人玩，但也愿意跟小朋友待在一起，妈妈可以多创造机会让他们待在一起。

服从命令听指挥

游戏关键词
☑ 配合
☑ 服从

游戏难度
★★★★★

适宜时间： 8个月以上的宝宝会爬，能听懂命令，可以配合妈妈。

培养目的： 妈妈发出指令让宝宝完成，宝宝会逐渐学会服从命令，学会与人合作，同时耐心也得到锻炼。

游戏准备： 一些日常用品。

① 让宝宝帮忙递送东西，妈妈说："宝宝听命令，把手帕交给奶奶。"然后把手帕交给宝宝，看他是否会拿去给奶奶。妈妈可以指指奶奶，奶奶也可以叫宝宝，引导宝宝作出正确的反应。

② 等宝宝把手帕交给奶奶后，妈妈要夸夸宝宝："宝宝圆满完成任务，请休息一会儿。"妈妈亲亲宝宝，然后跟宝宝说："宝宝听命令，去把手帕拿回给妈妈。"引导宝宝跟奶奶拿回手帕交给妈妈。

③ 以后每次想让宝宝做什么事的时候，妈妈都可以以"宝宝听命令"作开场白，引起宝宝注意。妈妈可以说："宝宝听命令，给阿姨飞吻一个。""宝宝听命令，过来喝水。"

小贴士

如果宝宝一时半会儿没有听命令，而是茫然地看着妈妈，很有可能是没听懂，妈妈要重复几遍并且配合手势让宝宝明白。

早教指导：
本阶段的大动作和
精细动作锻炼

6～12个月是宝宝大动作发展成果非常多的时期，坐、爬、站在这个阶段都会被学会，大多数宝宝到这个阶段后期还能走几步，这个阶段大动作的锻炼就集中在这些方面。其中，坐要经历几个阶段，开始坐时大概在6个月时，需要两手撑地像青蛙一样才能保持不倒，过1个月可以不用手扶坐稳。站也是经历了几个阶段才学会的，开始时需要大人扶着腋下，到9个月时能拉着栏杆站起再坐下，到10个月时就能徒手站立。

大动作学会很多，宝宝的身体协调性自然也会有大进步，比如刚开始会坐的时候，转身就会跌倒，但过2个月后就能学会坐着转身。再比如爬行，刚开始时一般都是两手一起动或者两腿一起动，像青蛙一样向前蹦或者向后退，但过不了几天就能学会手脚配合用正确的姿势爬行。还有站着的时候，刚开始必须两手扶物，后来能单手扶着站立，到最后甚至能徒手站立并做出挥手等动作而不破坏平衡。另外，这个时期还能完成一个高难度动作就是蹲下再站起，这可是需要全身很多关节和肌肉配合才能完成的动作。

需要指出的是，不要过早让宝宝学走路，让宝宝充分练习爬行对预防感统失调有不可忽视的作用。

在精细动作方面，宝宝的发展也不错，动作准确了很多，想拿什么东西就能拿到什么东西，而且会学会用两只手指对捏拿起绿豆大小的东西，还能伸出单个食指去抠小洞，双手还能分工合作。这时候要注意安全，预防宝宝吃下不该吃的东西或把手指伸到电插孔里。

爬行训练

哈哈!

游戏
关键词

☑ 大动作　　☑ 方向感
☑ 平衡感

游戏难度
★★

适宜时间： 宝宝7个月以后就可以学习爬行了。

培养目的： 爬行需要全身肌肉和骨骼的配合和协调，爬行训练对宝宝的平衡感、方向感发展意义重大，应该积极对待。

游戏准备： 1条大毛巾。

❶ 将毛巾铺好在地上，让宝宝仰卧在毛巾一端，宝宝很快就会翻身翻到毛巾的中央，这时就可以训练宝宝爬行了。

❷ 爸爸和妈妈各在宝宝的左侧和右侧，一人执毛巾一头，向上提起，让宝宝的腹部离开地面，四肢可以自由活动。

❸ 爸爸和妈妈分别腾出一只手，一人推宝宝的脚，一人拉宝宝的手，妈妈拉右手时爸爸推左脚，拉左手时推右脚，配合前进，让宝宝体会爬行时手和脚的配合规律。

❹ 当宝宝的手和脚已经有足够的力量将腹部抬离地面了，就可以撤掉毛巾，双手一起推宝宝的脚，让宝宝学会向前爬行。3~5天后宝宝自己就能自动安排手脚配合了。

小贴士

　　学会爬行的宝宝多了很多自由，可以到家里任何地方，碰到的危险就会增多。另外，掉床的危险也增加了。妈妈要消除家里潜在的危险，为宝宝创造一个安全的环境。

拉大锯，扯大锯

游戏关键词

☑ 语言能力
☑ 大动作

游戏难度
★★★★★

适宜时间： 7个月的宝宝能直立坐稳，可以玩这个游戏。

培养目的： 这个游戏可以有效训练宝宝坐的能力，同时能锻炼宝宝手臂和胸部肌肉力量，还能让宝宝从儿歌中体会语言的魅力。

游戏准备： 不需要什么准备。

拉大锯扯大锯。

1 妈妈与宝宝面对面坐好，抓着宝宝的手腕，身体向后仰拉着宝宝身体前倾，嘴里说："拉大锯。"接着身体前倾推着宝宝身体向后仰，同时说着："扯大锯。"先做两个回合，让宝宝知道要干什么。

锯木头，盖房子，
姥姥家，唱大戏，
接姑娘，请女婿
......

2 接着妈妈就连续前仰后合做拉扯的动作，并念出整首儿歌："拉大锯，扯大锯，锯木头，盖房子，姥姥家，唱大戏，接姑娘，请女婿，小外甥，你也去。"

小外甥，
你也去。

3 说到最后一句"小外甥，你也去"的时候，挠挠宝宝的腋下，表示游戏结束。再玩下一轮。

4 在新一轮游戏中，妈妈就可以让宝宝用手抓着你的手指来用力了。这样对宝宝的肌肉力量锻炼更有效果，也不容易伤到宝宝。

小贴士

玩游戏的时候，动作要配合儿歌的节奏，一句儿歌正好一个动作。宝宝还能从中体会到节奏感。

推呀推，推不倒

游戏关键词
☑ 大动作
☑ 平衡感

游戏难度
★★★★★

适宜时间： 10个月以后的宝宝靠墙基本能站稳，也能扶物站立，可以玩这个游戏。

培养目的： 宝宝站着时迫使宝宝倾倒或者转身，可以培养宝宝的平衡感，让宝宝尽早学会徒手站立。

游戏准备： 不需要什么准备。

小宝宝，推呀推，站好，推不倒，

宝宝真像个不倒翁，推也推不倒。

❶ 将宝宝背靠墙壁站稳，妈妈松开手说："小宝宝，站站好，推呀推，推不倒。"说到"推呀推"的时候，就推宝宝的身体一侧，迫使宝宝向另一侧倾倒，同时用另一只手挡住宝宝，避免宝宝真的倒下，这时候说出最后一句"推不倒"。

❷ 一轮游戏结束之后，妈妈夸宝宝："宝宝真像个不倒翁，推也推不倒。"然后继续下一轮。

❸ 让宝宝扶着茶几或沙发站立，妈妈拿着宝宝的玩具在宝宝的左边、右边、后边、前边等各个方位逗引宝宝，迫使宝宝松开一只手，或者两只手一起松开所扶着的茶几或沙发来够取妈妈手中的玩具，以此体会站立时的平衡感。

❹ 宝宝努力够取了一会儿，妈妈要把玩具给宝宝，以免宝宝产生挫败感哭闹。

小·贴士

练习站立的地方周围要打扫干净，硬质的玩具也要拿走，以免宝宝不小心摔倒碰着。

小·屁股蹲蹲　　哈哈!

游戏关键词　☑ 身体协调能力　☑ 大动作

游戏难度　★★★★★

适宜时间: 8个月的宝宝可以开始在大人扶持下锻炼幅度较小的下蹲动作。

培养目的: 迫使宝宝跟着妈妈的口令做下蹲和站起的动作,锻炼宝宝各关节的灵活性和肌肉的力量,对宝宝身体协调和反应速度都有好处。

游戏准备: 不需要什么准备。

蹲下。

站起。

小屁股蹲下拿玩具。

❶ 手扶着宝宝腋下,让宝宝和妈妈面对面站着,妈妈说:"蹲下。"同时,双手轻轻用力向下压宝宝,让宝宝下蹲。

❷ 妈妈说:"站起。"双手轻轻用力向上抬宝宝,让宝宝站起来,两三个回合之后,宝宝就会明白要怎么玩,能比较好地配合了。

❸ 妈妈手拉着宝宝的手,让宝宝站立,将宝宝喜欢的玩具放在宝宝脚边,鼓励宝宝去拿:"小屁股蹲下拿玩具。"宝宝如果想坐下拿,就要阻止宝宝,引导宝宝做下蹲动作。

变小!长高!

❹ 当宝宝能扶物站立或者徒手站立时,妈妈站在宝宝对面,妈妈说"变小"和"长高",说"变小"时蹲下来,说"长高"时站起来,给宝宝做示范,让宝宝也跟着你做动作。

小·贴士

开始练习下蹲的时候,没必要做深蹲,只要半蹲就可以了,让宝宝的关节和肌肉有个适应过程。

游戏育儿百科

跟着妈妈走

哈哈！

游戏关键词
☑ 大动作
☑ 配合

游戏难度
★★★★★

适宜时间： 宝宝10个月的时候就能练习。

培养目的： 让宝宝跟着妈妈前进，可以让宝宝学会迈步，为学会走路打好基础。

游戏准备： 适合宝宝手扶的大纸箱子1个。

❶ 宝宝背对妈妈，左脚站在妈妈的左脚背上，右脚站在妈妈的右脚背上，妈妈双手与宝宝双手相牵。

❷ 宝宝站稳后，妈妈一步步慢慢向前走，边走边说："宝宝学走路，一步一步走，跟着妈妈走，走呀走呀走。"宝宝的脚自然也跟着迈步。

❸ 让宝宝面对妈妈站在妈妈脚背上，左脚站右脚上，右脚站左脚上，妈妈后退，宝宝前进，像跳舞一样，也能让宝宝学会迈步。

❹ 让宝宝扶着大纸箱子，妈妈在宝宝的对面用玩具引诱宝宝，宝宝会推着纸箱子向妈妈前进，当宝宝走到妈妈跟前，妈妈就往宝宝的纸箱里放一样玩具，说："宝宝走得真好，这个奖励给宝宝。"妈妈后退，继续引诱宝宝向前去取玩具。

小·贴士

宝宝与妈妈手拉手，发生不稳要倒地的情况时，妈妈要立刻扶住宝宝，但不要用力拉扯宝宝的手臂，以免脱臼。

98

抓泡泡

☑ 平衡感　☑ 方向感
☑ 精细动作能力

游戏难度
★★★★★

适宜时间： 宝宝会坐、会爬、会站、会走时都可以玩。

培养目的： 用到处飞的泡泡逗引宝宝去抓取，锻炼宝宝坐着、站着时的平衡感还有爬行的速度和方向感，可有效锻炼宝宝坐、爬、站、走的能力，还可锻炼宝宝的手部精细动作。

游戏准备： 1套吹泡泡的工具。

1 宝宝坐着或站着时，妈妈用吹泡泡的工具向宝宝身前吹泡泡，宝宝看到泡泡就会伸手去抓，妈妈可以给宝宝指点方位："看，有个泡泡在你胳膊上。""有个泡泡在你脚上。"宝宝会随着妈妈的指示去抓这些泡泡。

2 宝宝能爬或能走之后，妈妈将泡泡吹得离宝宝远一些，告诉宝宝："看，泡泡飞去那边了，快去追。"诱使宝宝爬或走。

3 妈妈跟宝宝躺在草地上，妈妈把泡泡吹到空中，跟宝宝一起欣赏这些到处飞的泡泡："好多泡泡啊，真漂亮。"

4 洗澡的时候，也可以玩抓泡泡的游戏。妈妈把泡泡打在宝宝身上，让宝宝看："看这个泡泡，是彩色的，有水纹流动呢。"这样仔细观察一会儿，让宝宝用手去打破它们。

小贴士

玩吹泡泡的游戏时要注意别让肥皂水溅入宝宝眼睛里。

第四章

12～18个月的游戏

早教指导：
培养宝宝勇敢坚强的性格

　　宝宝有一颗勇于面对挫折和逆境的心，性格坚强而勇敢，是很多妈妈都希望的。怎样才能让宝宝拥有这样的品质呢？妈妈可以尝试这样做：

　　1.让宝宝多独立活动，树立信心。生活中，宝宝能自己做的事就让宝宝自己去做，可以自己吃饭了就不要再喂饭，可以自己收拾玩具了，父母就不用再帮宝宝。当宝宝自己能做很多事的时候，宝宝的自信会建立起来，有自信的人更有勇气去克服困难。

　　2.让宝宝懂得思考、解决难题。当宝宝做得不好或不会做时，父母不要急着去帮忙，先鼓励宝宝想一想，给宝宝机会自己克服困难，经历过靠自己思考解决难题的宝宝更有勇气面对下一个难题。

　　3.让宝宝做个有爱心的人。爱是坚强勇敢的内在支撑力量，妈妈在生活中要引导宝宝爱人，爱亲人、爱朋友，各种爱都会化成动力，让宝宝更勇敢、更坚强。

　　4.让宝宝学会坦然面对痛苦。当宝宝发生摔伤、擦伤等情形或者需要打针、上药时，妈妈尽管心里着急、心疼，但最好表现得若无其事，告诉宝宝："一点小伤，没问题。"让宝宝从妈妈的态度中学会坦然，能坦然面对痛苦的人自然比遇事就紧张的人更勇敢、更坚强。

疯狂的马儿 哈哈！

☑ 平衡能力
☑ 勇敢

 游戏难度
★ ★ ★ ★

适宜时间： 宝宝1岁左右时都可以玩。

培养目的： 妈妈膝盖的运动节奏和摇摆幅度在变化，骑在妈妈膝盖上的宝宝需要不停调整身体才能保持平衡，在这种随时都可能掉下来的"骑马"活动中，宝宝的勇气会被激发。

游戏准备： 不需要什么准备。

1 妈妈坐在沙发上，膝盖并拢，双腿自然垂直于地面，让宝宝背对自己坐在膝盖上。

2 妈妈开始轻轻同时颠动双膝，嘴里模仿马蹄声："骑马是这样的，得得得得，得得得得，得——"说到最后一个"得"时，声音拉长，同时分开双腿，让宝宝掉落到膝盖中间。

3 一上一下地颠动膝盖，嘴里模仿另一种马蹄声："还可以这样骑马，咯哒咯哒，咯哒咯哒，咯哒——"说到最后一个"咯哒"时，也拉长声音，并分开双腿，让宝宝掉落。

4 双膝同时向左或向右晃动，嘴里再模仿一种马蹄声："咯噔咯噔，咯噔咯噔，咯噔——"同样的做法让宝宝掉落。

小贴士

妈妈坐在沙发上，最好往外一点，以免宝宝掉落的时候头部磕到沙发较硬的底座上。

勇敢的小伞兵

游戏关键词　☑ 胆量　☑ 信任感　☑ 跳跃能力

游戏难度
★★☆☆☆

适宜时间： 宝宝1岁以后可以玩这个游戏。

培养目的： 1岁的宝宝还不会双脚起跳，这个游戏可以训练宝宝的这种能力。而从高处落下则会考验到宝宝的勇气，在游戏中，妈妈的保护会让宝宝体会到信任。

游戏准备： 把几条被子摞起来。

① 宝宝喜欢高处，妈妈把几床被子叠好放在床中间，宝宝就会自动爬上去了。

② 当宝宝爬上被垛了，妈妈坐在宝宝的对面，说："宝宝要做小伞兵吗？准备好了吗？跳下来。"同时，妈妈伸开双臂，鼓励宝宝从高处落入妈妈怀中，妈妈夸夸宝宝："跳下来了，真勇敢。"

③ 当宝宝站在沙发上、站在台阶上，妈妈要让宝宝离开这里时，可以站在宝宝对面，伸出手臂，手指离开宝宝半臂的距离，鼓励宝宝："跳下来，你是勇敢的小伞兵。"让宝宝扑向妈妈怀里。

小·贴士

　　如果宝宝不敢跳，妈妈要鼓励宝宝："有妈妈保护你呢，妈妈会接住你的。"或告诉宝宝："宝宝一定行，肯定会跳下来。"让宝宝完成这个游戏，不能因为宝宝开始畏惧就退缩。

爬大山 哟!

适宜时间: 1岁左右的宝宝爬得很熟练,也会走几步,可以多玩这个游戏。

培养目的: 让宝宝连爬带走翻过各种障碍,既考验宝宝的肌肉力量和上下肢配合的默契度,也考验宝宝坚持到底的决心。

游戏准备: 枕头、小被子等摞起来做障碍,另准备1个宝宝喜欢的玩具,如小足球。

① 妈妈坐在地板上,脚底顶着沙发,膝盖略向上屈起,把障碍物放在妈妈和宝宝之间或者玩具和妈妈之间,让宝宝必须跨过妈妈和障碍物才能拿到玩具。

宝宝,小足球在那呢,它想让你去跟他玩。

② 妈妈鼓励宝宝去拿玩具,跟他说:"宝宝,小足球在那呢,它想让你去跟它玩。"诱导宝宝去拿玩具,然后规定方法:"宝宝爬过妈妈的膝盖,再从小被子、小垫子上爬过去就能跟小足球玩了。"

再让宝宝爬过妈妈的膝盖,小足球上爬过去就能跟小垫子玩了。

宝宝爬过大山了,真棒。

③ 宝宝翻越障碍的时候,妈妈在一边鼓励:"宝宝爬大山了,加油。"拿到玩具后,妈妈要表扬宝宝:"宝宝爬过大山了,真棒。"

小·贴士

妈妈可选择比较宽敞的地方,看宝宝是按照妈妈的设想爬过妈妈和障碍物去拿玩具,还是直接绕过去,这也能观察到宝宝性格的一部分。

独木桥

适宜时间： 宝宝18个月时徒手也能走得很稳了，就可以玩这个游戏。

培养目的： 宝宝在妈妈制造的窄窄的独木桥上走过，非常考验平衡能力，如果独木桥较高，宝宝需要拿出更多勇气才能通过，通过独木桥后宝宝可体会到成就感。

游戏准备： 将一些书排成一列，形成独木桥，另外备1只小熊。

1 开始时，用较宽的书搭独木桥，独木桥的高度可以是几本书的厚度，排成长长的一列后，告诉宝宝："这是独木桥。"然后把小熊放在"桥"的另一头。

2 告诉宝宝游戏的玩法："宝宝要从这个独木桥上走过去救那个小熊，小脚不能离开桥，不然就掉水里了。"鼓励宝宝从"桥"上走过去拿小熊。

3 宝宝在"桥"上走，妈妈蹲在小熊旁边模仿小熊的口气叫宝宝："宝宝快来啊，救救我。"宝宝拿到小熊以后，妈妈要夸奖宝宝勇敢，并替小熊谢谢宝宝。

 小贴士

　　随着游戏的深入，独木桥的高度要增加，并要形成起伏，宽度变窄，另外规则也要严格起来。妈妈要监督、提醒宝宝："脚不能超出小桥边界。"让宝宝学会遵守规则。

宝宝不怕啦

 游戏关键词 ☑ 坚强 ☑ 亲子关系

游戏难度 ★★★★

适宜时间： 宝宝有惧怕情绪或者受到小伤害时，可以跟宝宝玩这个游戏。

培养目的： 宝宝受点小伤害是很常见的事，此时鼓励宝宝不怕可避免其啼哭，促进其坚强性格的形成。安慰则可促进亲子关系的发展。

游戏准备： 不需要什么准备。

1 宝宝走路摔倒了，第一时间不是自己努力站起来，而是看着妈妈，妈妈这时候可以平静地看着宝宝，告诉宝宝："不怕不怕，宝宝不怕啦。站起来。"宝宝看妈妈很平静，自己也就平静下来了，会很快站起来。

2 宝宝身上出现小伤口的时候，妈妈检查时要冷静，不要惊慌，一边检查一边告诉宝宝："不怕不怕，小问题。"让宝宝也冷静下来，正确看待伤痛。

3 让宝宝接触那些让宝宝感觉害怕的东西，如果宝宝怕毛绒玩具，可以带宝宝近距离接触一下，让宝宝摸摸，并鼓励宝宝："不怕，不怕。"宝宝摸完之后，用欢呼的语气说："宝宝不怕小毛熊了。"这会让宝宝感到自豪。

小贴士

妈妈在宝宝面前应该努力表现出冷静、坚强、勇敢的态度，妈妈如果总是一惊一乍，宝宝也会特别容易害怕。

早教指导：
培养创造力

创造力高的人总是能及时提出问题、解决问题，进而创造出新事物、适应新环境，他们通常表现出点子多、心思巧的性格特点。拥有创造能力的人总是精神奕奕、活力澎湃，生活也更加幸福和快乐。要把宝宝培养成创造力高的人，要做到以下几点：

首先，多向宝宝提问题，让宝宝习惯思考。讲故事、玩游戏的时候多问问宝宝该怎么办，比如球掉到坑里了，该怎样拿出来，还有什么办法等，让宝宝多动脑。

其次，不要主动帮宝宝忙，更多的是鼓励宝宝自己解决问题。不要看到宝宝做不到某件事，就出手帮忙，最好给宝宝更多的时间让宝宝自己考虑这个问题，试验多种做法，从实践中获得灵感，从而圆满解决问题。

再次，不要占用宝宝太多的时间，强迫宝宝认字而不让宝宝玩自己想玩的游戏就不应该提倡。在宝宝身上，玩就是学习，就是创造，妈妈应该尽量多让宝宝自由活动。

还有，不能总是以不变的方法教育宝宝。宝宝在不断地成长变化，若妈妈的教育手段一成不变，不但不利于培养宝宝的创造力，还会阻碍宝宝的成长进程。

最后，也是最重要的一点，妈妈要端正自己对待宝宝的态度，第一，不能对宝宝的想法不屑一顾，总是嘲笑宝宝可笑、幼稚，对宝宝提出的问题不做恰当回答；第二，不能轻视宝宝的能力，认为宝宝什么都做不了，就什么都不让宝宝做，以免伤害宝宝的创造积极性。

创意瓶子 哈哈!

游戏关键词 ☑ 创意 ☑ 想象力

 游戏难度 ★★★☆☆

适宜时间： 宝宝满1岁以后就可以玩。

培养目的： 看上去废旧无用的瓶子成为宝宝的好玩具，对宝宝来说是很惊奇的事。这样可以让宝宝体会到创意的力量，对开发宝宝的创造能力很有益处。

游戏准备： 收集几个矿泉水瓶以及一些彩色纸。

1 在矿泉水瓶子上缠上双面胶，然后将彩色纸撕成碎片，撒在桌子上，教宝宝滚动瓶子，让宝宝注意瓶子的变化："变成彩色的瓶子了。"

2 在矿泉水瓶里装满水，妈妈用工具扎破矿泉水瓶，提醒宝宝注意观察瓶子破损的地方，让他发现瓶子被扎破、水流出来的情形。

3 妈妈在矿泉水瓶肩部扎出一圈小洞，最终把瓶子制成一个小喷壶，让宝宝拿着这个小喷壶去浇花。

4 将矿泉水瓶的瓶身剪掉，只留下瓶颈和瓶子的肩部以及瓶盖，用筷子从里面把剩下的部分顶起来，让宝宝看看像不像一个遮阳伞，如果宝宝觉得像，就用胶水把它们固定在一起。

小·贴士

1岁左右的宝宝主要是看妈妈的创意，看多了，就会熟悉妈妈的思维习惯，宝宝也变得事事想创新了。

多变的纸片

☑ 创意　☑ 想象力
☑ 精细动作能力

游戏难度 ★★★★

适宜时间： 宝宝1岁以后就可以玩。

培养目的： 给废纸赋予新的意义，这就是创意的一种。另外，游戏里有把纸条想象成面条，把纸片想象成花瓣雨的情节，可提高宝宝的想象力。

游戏准备： 一些彩色纸，1个玩具锅，还要1个瓶子。

1 妈妈把彩色纸放在宝宝跟前说："我们来做面条吧。"然后将纸尽量均匀地撕成细条，鼓励宝宝也一起撕，撕好的纸条放在玩具锅里。

2 撕完一张纸之后，假装煮面、吃面，妈妈表现出各种吃面的情形，比如吹凉、烫嘴、噎着了等，宝宝哈哈大笑之后也会模仿这些动作。

3 跟宝宝说："我们来做花瓣雨吧。"然后和宝宝一起将彩色纸撕成碎片，再要求宝宝跟你一起把这些碎片全部装入一个瓶子里。

4 装完之后，妈妈站起来，将瓶子倒转，抖动瓶子，让瓶子里的彩色纸片洒下来，边撒边说："下花瓣雨喽。"

小·贴士

　　宝宝喜欢捡拾"破烂"，当宝宝这样做的时候，妈妈可以让宝宝说说自己的想法，不要粗暴地阻止或者扔掉。这些东西在宝宝的眼里有大人根本想不到的意义，这也是创意。

盒子变火车

游戏关键词　✅ 创意　✅ 动手能力　✅ 行走能力

游戏难度 ★★☆☆☆

适宜时间： 宝宝1岁以后就可以玩。

培养目的： 将废旧盒子做成玩具，让宝宝体会到创意的魅力，而且这个游戏里也有让宝宝动手和拖拽玩具行走的环节，能锻炼宝宝的精细动作能力和行走能力。

游戏准备： 一些盒子，比如小药盒、月饼盒、小的化妆品盒等，以及1根细绳子。

1 妈妈拿几个盒子给宝宝看看，然后拿出剪刀等工具，边做边说："盒子盒子变变变，宝宝，看妈妈一会把盒子给你变成什么。"宝宝会很安静、很专注地看着妈妈。

2 妈妈在盒子两对侧的同一个高度打孔，把一根细绳子从中穿过，绳子在另一头露头的时候，鼓励宝宝抓住绳头将绳子拉出来。

3 同样的方法处理第二个盒子，把两个盒子穿成一串。连续穿几个后，妈妈跟宝宝说："嚓嚓嚓嚓，火车做好了。妈妈给你做了1个火车，宝宝看像不像？"

4 让宝宝拖拽着火车走，宝宝走妈妈喊："哐当哐当，呜——火车出发了。"宝宝会玩得很开心。

小贴士

　　一物多玩就是创意，可以就一个物品怎样才能玩出更多花样跟宝宝多尝试。

游戏育儿百科

神奇橡皮泥

 哈哈!

游戏关键词
☑ 精细动作能力
☑ 创意

游戏难度
★★☆☆☆

适宜时间： 宝宝1岁以后，就可以给些橡皮泥让宝宝随便捏着玩。

培养目的： 宝宝捏橡皮泥，开始的时候不一定能捏出形象，但橡皮泥本身的多变性会让宝宝充满兴趣，可为培养宝宝创新能力打个基础。

游戏准备： 1盒彩色橡皮泥，1套小动物模子。

看妈妈给你变个小狗出来。

1 妈妈拿1块橡皮泥，放入小狗的模子中，跟宝宝说："看妈妈给你变个小狗出来。"将橡皮泥压紧，然后倒出来就是1个小狗了。接下来就可以让宝宝自己拿各种模子压着玩了，这可以奠定宝宝对造型的认知基础。

2 把橡皮泥延展成一片，让宝宝用模子在橡皮泥上一下挨一下地压下去，虽然出不来小动物的五官细节，但有小动物的轮廓，也可以让宝宝体会到细节和轮廓的关系。

3 随着宝宝玩橡皮泥的次数增多，就把各种模子藏起来，让宝宝能够自由发挥捏各种形象，妈妈可以稍加指导，开始时捏饼子、馒头、面条等简单造型，以后发展到做小动物、人脸等。

小贴士

在陪宝宝玩橡皮泥的时候一定要注意不要让宝宝把橡皮泥放入口中，游戏结束后要让宝宝洗手。

早教指导：
培养宝宝探索欲

　　宝宝天生喜欢探索，能够将这种行为习惯保留下来的宝宝长大后将会有更多学习、发现并解决问题的欲望和动机，成为宝宝获得更进一步发展的动力。父母要引导得当，保护这种天性不被磨灭。

　　首先，尽量让宝宝获得直接经验。宝宝探索、发现的途径主要是玩具、游戏、户外活动，父母要让宝宝在安全范围内充分地融入这些活动当中，在这些活动中宝宝能获得更多的直接经验。

　　其次，别扼杀宝宝的好奇心。因为宝宝的各种破坏行为其实都蕴含着宝宝想了解某事物的好奇心，所以不要粗暴打断宝宝的破坏行为，如果不能忍受，你可以问问宝宝为什么，再给予正确引导。

　　再次，父母引导宝宝探索时要遵循一定的原则：尽可能地让宝宝按照自己的方式去做，不依照自己的想法对宝宝的行为指手画脚；不要时不时打断宝宝正进行着的活动，宝宝没有找妈妈的时候完全可以让宝宝一个人玩；鼓励宝宝将新发现的事物与已知的事物联系起来，让发现更有意义；宝宝在发现活动中受阻时，父母要及时给予鼓励，提出合理建议，帮宝宝渡过难关。

　　当宝宝长大一点，会说话了，就会不停地问为什么了，这也是受探索欲驱使。妈妈可以用语言作解释，可以用实验来证明，可以发挥想象力编个故事，也可以带着宝宝去体验，就是不要随便应付。妈妈的应付行为并不利于探索欲的培养。

小熊哪去了

 哈哈！

 游戏关键词

☑ 探索　　☑ 坚持
☑ 合作

游戏难度 ★★☆☆☆

适宜时间： 1岁以后的宝宝知道物体恒存，可以玩这个游戏。

培养目的： 宝宝在这个游戏中会反复经历希望、失望，最后喜出望外，会初步领会坚持到底的意义。

游戏准备： 用纸、盒子等将玩具熊重重包裹，如小盒子套纸包，大盒子套小盒子，多包几层。

① 妈妈将包裹好的玩具拿给宝宝，顺手摇动盒子让宝宝听听，让宝宝好奇盒子里的东西，激发其探索欲望。

你的小熊在里面，打开看看。

② 告诉宝宝："你的小熊在里面，打开看看。"让宝宝确定自己的怀疑是有理由的，从而产生打开盒子一探究竟的冲动。

小熊是不是在这个里面，再打开看看。

③ 把盒子交给宝宝，看宝宝怎样打开盒子和其他几层包装。打开一层包装，找不到，宝宝会产生失落情绪，妈妈要鼓励宝宝："小熊是不是在这个里面，再打开看看。"

小熊真的在这里啊。

④ 宝宝遇到比较难打开的包装时，妈妈要做指导，最后让宝宝自己找到小熊，妈妈用高兴的语气说："小熊真的在这里啊。"宝宝会很有成就感。

小贴士

宝宝打不开时会要求家人帮忙，告诉家人最好不要完全代劳，只给出方法，指出窍门就行，最后还是要让宝宝自己去动手操作。

玩偶盒

 哈哈!

适宜时间: 1岁左右的宝宝都可以玩。

培养目的: 看上去仅仅是个盒子,但突然从中出来了1个玩偶,这会大大激发宝宝的好奇心和探索欲,让宝宝想再看看盒子里还有什么。

游戏准备: 把1只筷子穿透纸杯的底部,手持杯子底部以下的筷子,在筷子的另一端绑上1只手指偶,做成玩偶盒。

① 妈妈拉动筷子,将指偶拉回杯子内,然后把玩偶盒拿给宝宝看。一个普通的杯子,宝宝可能丝毫不感兴趣。

这可是会变的杯子啊,变变变!

② 妈妈用神秘的语气说: "这可是会变的杯子啊,变变变!"然后突然推动筷子,让指偶猛然间在杯子的上方出现。

变变变!

③ 宝宝立刻会露出惊奇的表情,妈妈再说:"变变变!"把指偶拉回杯子内,杯子又变成了一个普通的杯子,宝宝会困惑,并且伸手来跟妈妈要。

④ 宝宝拿到了玩偶盒后,妈妈看宝宝能不能自己找到玩法,发现是筷子控制着指偶。如果不能,妈妈可以适当指点一下,让宝宝拉拉筷子看一下会发生什么。

小贴士

不要让宝宝拿着玩偶盒到处跑,以免摔倒时被筷子扎伤。

糖哪去了

 哟!

 游戏关键词

✓ 创好奇心
✓ 注意力

 游戏难度
★★★★★

适宜时间: 发现各种物理、化学变化时都可提醒宝宝观察。

培养目的: 宝宝尽管不明白发生了什么事,但父母的提醒可以让宝宝观察到这些奇异现象,激发宝宝的好奇心,为探索欲的培养奠定基础。

游戏准备: 1罐糖、1杯水。

① 妈妈拿着水和糖走到宝宝跟前,跟宝宝说:"妈妈来给你变个魔术。"让宝宝尝尝水,再让宝宝尝尝糖,告诉宝宝:"水没有味道,糖是甜的。"

② 妈妈宣告一下:"现在魔术开始。"引起宝宝的兴趣后,把糖放到水杯里,指给宝宝看杯子里的糖:"看,糖沉到水底去了。"

③ 拿一根筷子搅拌水,用神秘的语气自言自语:"会发生什么事呢?"让宝宝始终保持注意力。一直搅拌到糖消失后,问问宝宝:"糖哪去了?"宝宝可能会看杯子,因为宝宝之前看到你把糖放到杯子里了。

④ 把杯子拿起来让宝宝上下左右观察观察,让宝宝确信杯子里没有糖了,然后用筷子蘸一下给宝宝尝,告诉宝宝:"水变成甜的了,为什么呢?等宝宝长大了,就明白了。"

小·贴士

玩游戏时妈妈要注意:糖不要放太多,并且不要让筷子伤到宝宝。

追踪 哈哈！

 游戏关键词

☑ 探索发现
☑ 独立性

游戏难度
★★★☆☆

适宜时间： 带宝宝户外玩的时候，可以玩这个游戏。

培养目的： 让宝宝循着踪迹找到与之相关的人和物，让宝宝体会到探索和发现的乐趣，对激发宝宝的探索意识和探索能力都有好处。

游戏准备： 在布袋里装些沙子，在沙袋子上弄个小口，让沙子可以顺畅流出。

❶ 全家一起外出玩耍，让爸爸带着沙袋子在前面走，妈妈提醒宝宝："看，爸爸的沙袋子漏了，瞧地下都是沙子。"

❷ 妈妈和宝宝在后面晚几步，妈妈分散宝宝的注意力，让爸爸拐个弯藏起来，然后问宝宝："爸爸哪去了？"

❸ 指点宝宝看地下的沙子："这肯定是爸爸留下的，我们跟着沙子追踪一定可以找到爸爸。你说能找到吗？"

❹ 让宝宝顺着沙子走，妈妈跟在后面，走到爸爸的藏身之地，爸爸给宝宝一个大大的拥抱并夸奖宝宝："宝宝找到爸爸了，真厉害。"宝宝一定会很高兴，爸爸可以再问问："怎么找到的呀？"妈妈提醒一下："我们跟着沙子就找到爸爸了，是不？"

小·贴士

　　如果户外有风，要选择顺风的方向行走，以免漏下的沙子迷了宝宝的眼。

117

管道里的球

 哟！

游戏关键词
☑ 逻辑思维能力
☑ 探索

游戏难度
★★★★★

适宜时间： 1岁左右的宝宝都可以玩。

培养目的： 小球在宝宝眼前消失，让宝宝有寻找的欲望，可以培养探索意识；管道与球的关系则可提升宝宝的逻辑思维能力。

游戏准备： 1只保鲜膜的卷芯和1颗弹球，弹球可以从卷芯中通过。

① 妈妈一手拿弹球一手拿卷芯，和宝宝面对面坐在地板上，告诉宝宝："妈妈要给你变个魔术。"

② 把手掌摊开，把弹球和卷芯都给宝宝看看，关键让宝宝看看卷芯是中空的，然后将两手各自握起来，两只手慢慢靠近，将小球放到卷芯里，保持卷芯水平，别让球掉出来，再次摊开手掌让宝宝看："妈妈手里的球呢？球没了，球哪去了？"

③ 提醒宝宝看着卷芯："是不是进这里了？"然后将卷芯的一头抬高，让球从卷芯里掉出来，妈妈用惊喜的语气说："哦，果然在这里呢。怎么进去的呀？"

④ 让宝宝拿着球放进卷芯里去，然后将卷芯横过来，说："球没了。"再转回来让宝宝从卷芯里望进去："球在管子里呢。"再抬高一头让球掉出来。

小·贴士

用小弹球玩过游戏之后就要收起来，以免不小心让宝宝吃到嘴里造成窒息。

早教指导：
开发宝宝的自然智能

自然智能指的是人对自然界各种元素形态变化的感受能力。具有高自然智能的人对大自然充满热爱，胸怀更开阔，性格也较开朗，而且特别有爱心，对人、对植物、对动物都能保持一种尊重和欣赏的态度。

培养高自然智能的宝宝，方法非常简单，每个宝宝天生就是高自然智能的人，尤其关注小动物，在以后的日子里只要让宝宝多接触自然界，保护好这种天生的智能不被磨灭和破坏就可以了。

第一，多带宝宝到大自然中去，也可以去植物园、动物园等。父母跟宝宝一起细致、耐心地观察动物、植物，努力提高宝宝对大自然的观察能力对开发自然智能很重要。

第二，给宝宝在家里种些植物，最好是从种子开始，让宝宝能观察到这种植物发芽、长大、开花、结果等过程。另外，也可以给宝宝养个小动物，如小猫、小狗等。小的时候让宝宝观察它们，看父母如何照顾它们，观察这些小动物的生活习惯、毛色变化等。无论是植物还是动物，观察过后，都可以引导宝宝说一说，这样观察会更深入。等宝宝稍微长大些，就可以让宝宝参与照顾这些花草和小动物，直到宝宝能独立照顾时，就可以放心地完全交给宝宝照顾了——让宝宝定期给花草施肥、浇水，给小动物洗澡、梳毛、清理粪便等。这样宝宝的自然智能就能很好地保存下来。另外，这个过程会有一个"副产品"，就是宝宝的责任心将会被培养出来。

游戏育儿百科

森林选美

 哈哈！

 游戏关键词

☑ 认识小动物
☑ 爱心

游戏难度 ★★★★

适宜时间： 这个游戏比较安静，适合睡前玩。

培养目的： 这个游戏可以让宝宝认识很多的动物，认识越多，宝宝对动物就越好奇。

游戏准备： 1套动物玩偶或者卡片。

① 把动物玩偶或卡片拿到宝宝的床前，跟宝宝说："小动物们要开会了，它们都来开会了。"然后拿出一个小玩偶就介绍一个："有小松鼠，有花孔雀，有大象，有狮子，还有老虎……"

② 妈妈问问宝宝："小动物们开会要干什么呢？"让宝宝集中注意力，然后妈妈假装询问这些小动物，并把耳朵放到小动物跟前倾听，边听边点头，然后告诉宝宝："小动物说它们是要选美呢。"

③ 选美开始后，妈妈模仿各个小动物的语气说出它们最美的特点，比如拿着长颈鹿模仿长颈鹿说："我是森林中最美的，我有一条优雅的长脖子。"说到特征的时候，妈妈就用手动动这个部位，让宝宝注意到，然后再让其他动物登场。

小贴士

小动物的某个特点要重复强调，等宝宝记住了这个特点，再强调其他特点，让宝宝逐渐深入、细致地了解这种动物。

下雪啦 哈哈!

- ☑ 认识自然现象
- ☑ 感受温度不同

游戏难度 ★☆☆☆

适宜时间: 下雪的时候就可以玩。

培养目的: 下雪是一种自然现象,妈妈的刻意提醒能让宝宝注意到这种现象并产生兴趣,发现下雪的乐趣,从而爱上这种天气。

游戏准备: 不需要什么准备。

1 看到窗外下雪了,妈妈就用惊奇的语气说:"哇,下雪了。"引起宝宝的注意,然后热情地抱着宝宝到窗前欣赏下雪的情景。

2 带宝宝到屋外,让宝宝抬头看漫天飞舞的雪花,然后妈妈伸手接一片雪花给宝宝看,跟宝宝说:"好漂亮,像花儿一样。"让宝宝看那些小花瓣,数一数花瓣数,再让宝宝注意雪花化成水的过程,问问宝宝:"咦,雪花哪儿去了?"

3 鼓励宝宝伸手去接一片雪花看着它融化,并让宝宝用手摸摸手上剩下的水:"咦,怎么湿湿的?哦,原来是雪花变成水了。"

4 跟宝宝一起蹲在地上摸摸雪,问问宝宝什么感觉,是不是凉凉的、湿湿的,然后教宝宝把雪捏成球。

小·贴士

带宝宝看雪、玩雪的时候一定要给宝宝多穿些衣服,以免感冒。

月亮月亮回去睡觉

☑ 理解太阳和月亮的交替关系
☑ 认识自然界

游戏难度 ★★★★★

适宜时间： 天黑前就能看见比较亮的月亮的时候都可以玩这个游戏。

培养目的： 在妈妈提醒之前，宝宝可能从来都没注意到天上还有个月亮，这对宝宝来说是个新奇的现象，可激发宝宝对自然的好奇。

游戏准备： 观察哪一天在天黑之前可以看到比较满、比较亮的月亮，在这一天带宝宝玩这个游戏。

1 把宝宝抱到窗前，把月亮指给宝宝看："看，那是什么？那是月亮。圆圆的，好漂亮啊。"

2 然后像突然发现异常似的对着月亮用轻柔、有节奏的语气说："月亮月亮，太阳还没落下，天还没黑，你怎么就出来了。"接着唱歌给宝宝听："月亮先生，月亮先生，你出来得太早，太阳还在天上。回床上去，蒙住头，等到天黑再出来。"

3 再唱一遍，边唱边表演，唱到月亮时就用手指指着月亮，唱到"蒙住头"时就用双手或毛巾把脸蒙上，在结束的时候双手合上放在一侧耳朵边，闭上眼做出睡觉的样子。

小·贴士

　　每次看到月亮的时候都可以唱这首歌，让宝宝以后只要看到月亮就能想起这首歌。

盖沙房子

 哈哈！

游戏关键词 ☑ 创意 ☑ 合作 ☑ 熟悉沙子

游戏难度 ★★★★☆

适宜时间： 宝宝1岁半的时候可以在大人的指挥下参与这个游戏。

培养目的： 玩沙子是开发宝宝自然智能的好手段，另外沙子可以做很多造型，有利于开拓宝宝思维。

游戏准备： 玩沙子的工具1套，再带1瓶水。

1 带宝宝到有沙子的地方去，跟宝宝说："我们用沙子做个房子吧。"开始用沙子堆房子的墙。

2 干沙子无法竖直堆起一堵墙来，让宝宝想想该怎么办，最后提醒宝宝往沙子里倒些水，然后再堆，也可以先把墙的厚度做得薄一点，这样墙也很难堆起来，提醒宝宝加厚点再观察。

3 把房子的4堵墙依次做好，问问宝宝下一步该做什么，让宝宝想一想房子是不是都有一个房顶，然后再提醒宝宝什么东西可以做顶子。

4 宝宝想不出用什么做房顶，妈妈要适时告诉宝宝可以捡树枝来做，然后带着宝宝找几个树枝折成长度合适的段，搭在4堵墙上就可以了。

小贴士

沙子游戏有很多，除了盖房子，还可以掏窑洞、堆山丘、画画等。

123

寻找大自然中的宝贝

游戏关键词
☑ 发现自然
☑ 探索

游戏难度
★★☆☆☆

适宜时间： 宝宝1岁半左右时收集东西的冲动就出现了，可以玩这个游戏。

培养目的： 通过收集让宝宝发现自然界中有如此之多的有趣的东西，让宝宝更愿意到大自然中去探索。

游戏准备： 1个篮子或者袋子。

① 带着宝宝到公园走走，领着宝宝各处看看，看到有趣的东西，妈妈就指给宝宝看："看，那个树叶，一半红，一半绿，好漂亮啊。我们把它拾起来吧。"然后把这片树叶捡起来，让宝宝仔细再看看，就把树叶放到篮子或者袋子里。

② 妈妈捡了几个"宝贝"之后，问问宝宝看到什么有趣的东西了，看宝宝会不会指出一两样东西来。宝宝如果指出来了，就鼓励宝宝捡起来，也放到篮子或袋子里。

③ 捡一会后，妈妈把袋子掂一掂，让宝宝摸一摸，说："我们已经捡了这么多宝贝了，回家盘点一下我们的宝贝吧。"

④ 带着宝宝回家，将所有宝贝倒出来清洗、晾干，然后用胶水粘在画框内，做成贴画挂在墙上，让宝宝经常看到这些宝贝。

小·贴士

要严防宝宝把那些小的、圆的东西捡起来，以免不小心造成异物卡喉。

早教指导：
开发宝宝空间智能

空间智能指的是对视觉和空间的感知和运用能力，包括色彩、线条、样式等。空间智能一般表现在艺术上，比如绘画、雕塑和手工等，在生活上表现最直接的是在穿衣搭配上，空间智能高的人会技高一筹。

因为空间智能比较隐蔽，所以开发宝宝的空间智能时，妈妈首先要做的工作就是发现。认真观察宝宝，只有认真观察才能发现宝宝的空间智能高低。如果宝宝擅长把看到的、想象到的用图画形式表现出来，喜欢看图画书，还能根据图画书自己编故事，能够用积木堆出不同的造型，涂画时颜色搭配得当等，都说明宝宝的空间智能较高。

如果宝宝没有表现出较高的空间智能，妈妈就要多鼓励宝宝用类似的方式表达，可以玩拼图游戏，给娃娃做衣服、选衣服，看图画、地图等，开发宝宝的空间智能。

当宝宝长大一些，会到处乱涂乱画，制造出一些涂鸦作品，妈妈不要忽视或者制止，更不要嘲笑，可多让宝宝讲讲其中的含义，这可以促进宝宝空间智能的进一步开发。

在宝宝更大一些的时候，可以放手让宝宝自己选衣服穿，让宝宝把空间智能运用到实际生活中去，搭配得好，给予适当表扬，搭配得不好，给出修正意见，但无论如何都不要嘲笑宝宝。

套叠玩具

适宜时间： 1岁以上的宝宝都可以玩。

培养目的： 套叠玩具要求把小的放到大的里面去，能让宝宝了解里外、上下的空间概念，这是空间智能开发的基础。

游戏准备： 1套套叠玩具，如套碗。

把最小的碗从里面拿出来，再拿较小的碗出来。

大的下面有小的，较大的下面还有更小的。

❶ 把套碗放在宝宝面前，妈妈先做示范，把小的一个接一个地拿出来，边拿边说："把最小的碗从里面拿出来，再拿较小的碗出来。"这样一直拿下去，宝宝看到一个变成多个，会很惊奇。

❷ 再把套碗一个一个放进大的里面去，让宝宝从碗的上方看看，让宝宝看到层层叠叠的碗沿，然后将所有碗一下子反扣过去，就变成了一个大碗，然后依次将较大的碗拿走，边拿边说："大的下面有小的，较大的下面还有更小的。"直到剩下一个最小的。

❸ 给宝宝一个最大的碗和一个最小的碗，让宝宝自由玩耍，看宝宝是否会把小的放到大的里面去或者把大的扣到小的上面去。

小·贴士

等宝宝能够熟练地套叠了，就要变换玩法，用套叠玩具摆造型、排长龙、建塔等，进一步开发空间智能。

餐桌上的艺术课

适宜时间： 1岁以后的宝宝吃饭时可以玩这个游戏。

培养目的： 食物的颜色很丰富，在宝宝吃饭时用食物作图，既开发了宝宝的空间智能，还能促进宝宝的食欲。

游戏准备： 1个可以吃饭用的大托盘，一顿色彩丰富的饭。

1 妈妈做好宝宝的饭后，在大托盘上做个造型，比如做张人脸，用西红柿做嘴巴、黑木耳做头发、鱼肉做眼睛等，端给宝宝。

2 给宝宝看之前，可以先卖卖关子："猜妈妈给宝宝做了什么吃？"当宝宝期待地看着你时，突然间放到宝宝的眼前："看。"宝宝肯定会被吸引，这时把宝宝引到餐桌前让宝宝自己用勺子吃饭就可以了，边吃边说："先让头发进嘴里去，再让嘴巴进嘴里去。"

3 宝宝吃饱了之后，会剩下一些食物，就可以让宝宝用这些剩余的食物做创作了，允许宝宝随意摆放。当宝宝摆放好后，妈妈问问宝宝摆的是什么。妈妈也可以引导宝宝进行造型创作。

小贴士

吃饭前要用肥皂彻底洗净宝宝的双手，另外最好在宝宝的周围铺上一圈报纸，方便收拾食物残渣。

搭呀搭高楼

适宜时间： 1岁以后的宝宝都可以玩。

培养目的： 积木的颜色和形状各异，可以扩大宝宝对形状和色彩的认知。

游戏准备： 各种形状和颜色的积木若干。

1 妈妈和宝宝对面而坐，把积木放在身边，告诉宝宝："妈妈用积木给你搭一座高楼吧。"告诉宝宝第一层要用红色积木，让宝宝帮忙找找红色积木，把妈妈找到的积木也给宝宝看看是不是红色，每层楼用一种颜色。

2 每次给宝宝搭的楼形状不一，比如三角形、正方形、六边形等，告诉宝宝："搭一座方形的楼，你看方方正正，有4个角。"下一层故意缺个角，让宝宝帮忙补上，边搭边说："越来越高了。"

3 "高楼"搭好后，跟宝宝一起欣赏一下，然后妈妈用手指捅一捅高楼，让宝宝看高楼摇晃，让宝宝也去捅，将高楼推倒。每次搭起后都捅不同的部位，让宝宝体会高楼倒塌程度和手指用力部位的关系。

小贴士

积木的魅力在于可以做很多造型，带着宝宝玩积木时，妈妈要充分发挥想象力，这样才能激发宝宝自己做造型的兴趣。

宝宝带路

哈哈！

游戏关键词
☑ 方向感
☑ 认路

游戏难度 ★★★★

适宜时间： 宝宝1岁半左右就可以玩了。

培养目的： 每次回家时让宝宝指路，可以让宝宝记住回家的路，培养宝宝的方向感。

游戏准备： 不需要什么准备。

① 带宝宝外出后，用手给宝宝指出家所在的方向，并让宝宝看家周围的环境。你可以这样说："宝宝，看那边，我们家就在正前方那个小区，正对着我们在的这个小公园。"介绍的时候，前后左右这些表示方位的词要多次并准确使用。

② 在路上走的时候，提醒宝宝看周围的标志物，一排树、一座小石桥、一个广告牌都可以成为路标，每次走过都告诉宝宝："出门右转，走啊走啊，碰到一座小桥。"次数多了以后，下次回家走到这，考考宝宝下面怎么走，让宝宝学会依靠标志物认路。

③ 妈妈带着宝宝回家的时候，走到离家已经较近的地方，告诉宝宝："妈妈迷路了，你能找到咱们家吗？"宝宝如果记得，会给你指出方向，妈妈就可以让宝宝和自己并排走回家。以后可逐渐延长认路距离。

小·贴士

宝宝在外玩不肯回家时，妈妈可以跟宝宝玩这个游戏，就能顺利回家了。

129

涂鸦

 游戏关键词 ☑ 线条 ☑ 图形 ☑ 色彩运用

 游戏难度 ★★☆☆☆

适宜时间： 宝宝1岁半的时候手腕很灵活，就可以涂鸦了。

培养目的： 喜欢涂涂画画是宝宝的天性，画画所用的线条、图形和色彩，宝宝在涂鸦的时候会逐渐了解。

游戏准备： 彩色颜料，几张大白纸。

1 妈妈把纸和颜料放在茶几上，先用手蘸着颜料在纸上画一道，然后交给宝宝。宝宝就会自己开始涂画了。

2 当宝宝能够画出线条了，妈妈可以和宝宝一起画。妈妈在白纸的某个方位上画一道，要求宝宝也在自己的白纸同一个方位上画一道："妈妈在白纸的左上角画了一道，宝宝也要在左上角画一道。"逐渐发展到让宝宝跟着妈妈画图形，三角形、四边形、五边形都行。

3 宝宝涂画时你可以问问宝宝："宝宝画的什么呀？可以跟妈妈讲讲吗？"如果宝宝说不出什么，妈妈就可以这样问："宝宝画的是小猫吗？黑白花的？"这样做可以让宝宝了解画是可以用来表现事物的。

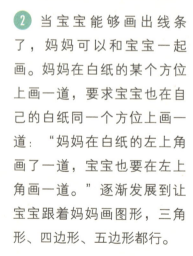

小贴士

宝宝的涂鸦往往不成形，无法理解，但妈妈不能打击宝宝，类似"画的什么呀，不懂"这样的话要少说。

早教指导：
本阶段的大动作和精细动作锻炼

宝宝过了1周岁生日后，妈妈可能会感觉宝宝突然间长大了，在宝宝长到1岁半的时候，变化还会更大。

大动作方面：宝宝能走，可以拉着妈妈的手一起外出逛逛了，逛的时候还能拖拽上自己的小车子，还能在走的过程中停下来、蹲下捡起自己想要的东西再继续走，如果碰到障碍物则可以倒退或者改变方向继续走。宝宝也能跑，虽然动作比较僵硬，但也是很大的进步了。另外，这个阶段的宝宝会爬上椅子或者沙发坐好，还会把球扔出去，在大人的扶助下还能双脚起跳。总之，进步多多。

精细动作方面：此时的宝宝已经能用勺子吃饭了，并逐渐学会自己拿杯子喝水，会自己找到帽子戴上，能把瓶盖盖上，能把瓶子里的东西倒出，也能把筷子插到瓶子里再拔出来，能够握笔画线条，能够翻书，而且可以真正意义上地玩积木，从摆起2块积木到摆起4块，也会将积木排成一列。

宝宝的动作能力已经如此优秀，可以跟宝宝玩更多的运动类游戏了。

趣味滚筒 哈哈！

游戏关键词 ☑ 走、跑、爬、接、抛等能力

游戏难度 ★★★★★

适宜时间： 1岁左右的宝宝就可以玩。

培养目的： 锻炼宝宝的动作反应速度以及运动能力，并帮宝宝认识上下、高低和来去的概念。

游戏准备： 在易拉罐里面装入扣子、小石子等后封上罐口，做成哗啦啦响的滚筒。

滚筒滚过去，宝宝快接住。

1 妈妈和宝宝面对面坐好，把罐子朝宝宝滚过去，告诉宝宝："滚筒滚过去，宝宝快接住。"宝宝接住了，妈妈就让宝宝把罐子再给自己滚过来。

滚筒滚到宝宝左边了，快去追。

2 妈妈故意把罐子滚歪，不让宝宝轻松接住，然后跟宝宝说："滚筒滚到宝宝左边了，快去追。"让宝宝挪动身体去追罐子，看宝宝会怎么挪动。

我们用跷跷板玩滚筒吧。

3 滚来滚去的游戏玩一会后，妈妈提议："我们用跷跷板玩滚筒吧。"找一块木板放在两人中间，妈妈先把滚筒放到自己一边，抬起木板，让滚筒向宝宝滚去，等滚到宝宝一边时，让宝宝也照做。

4 把罐子放在木板底下正中间，妈妈和宝宝各放一只手在木板的两头，一上一下地撬动木板。

小·贴士

易拉罐口可能会残留有小毛刺，封罐口的时候要用透明胶带把这些小毛刺都包裹住。

小·小·大拇指

哈哈！

游戏关键词
☑ 手指灵活性锻炼
☑ 语言开发

游戏难度
★★★★★

适宜时间： 宝宝1岁左右就可以玩。

培养目的： 双手十指轮流做出动作，能锻炼各手指的灵活性，对促进手眼协调有好处，游戏时配有儿歌，可促进宝宝语言能力进步。

游戏准备： 在自己的双手十指指腹上面都画上笑脸。

1 妈妈把双手握成拳头伸到宝宝面前，同时按照《两只老虎》的旋律唱儿歌："大拇指呀，大拇指呀，在哪里，在哪里？"边唱边摇晃拳头。

2 接着唱："我在这里，我在这里。"唱到第一个"我在这里"的时候伸出一个大拇指，唱到第二个的时候再伸出一个大拇指。

3 两个大拇指都伸出来后，继续唱："你好吗？你好吗？"弯曲一个大拇指做鞠躬状，同时唱："谢谢你呀，谢谢你呀，我很好，我很好。"弯曲另一个大拇指鞠躬回礼。

4 再唱："我要走啦，我要走啦，再见吧，再见吧。"唱到第一个"再见吧"的时候把1只手放到背后，下一个的时候把另一只手也放到背后。唱完大拇指后，依次将其余指头都唱一遍。

小·贴士

等宝宝了解了这个游戏后，就可以妈妈唱，宝宝做动作了。

嗡嗡叫的气球

游戏关键词
☑ 跑、放手、倒水等动作锻炼
☑ 因果关系认知

游戏难度 ★★★★★

适宜时间： 宝宝1岁左右就可以玩。

培养目的： 飞动的气球吸引宝宝的追逐、捡拾，可以很好地锻炼宝宝跑、下蹲的能力，往气球里倒水这个动作对宝宝手腕的灵活度和准确度要求很高。

游戏准备： 1只气球和1瓶水。

1 妈妈把气球吹涨，但不系口，交给宝宝让宝宝抓紧，妈妈走开一段距离，告诉宝宝："把气球扔给妈妈。"

2 宝宝撒手后就会发现，气球并不是向着妈妈去了，而是嗡嗡叫着上蹿下跳、飞来飞去，这会让宝宝很惊诧，而且马上就会追着气球跑去想要抓住它。

3 宝宝捡起气球后，妈妈跟宝宝说："我们往里灌点水，看它还能不能飞了。"然后妈妈张开气球的口，让宝宝拿着水瓶子往口子里灌水，只要有点水进去就行了。

4 妈妈再次吹涨气球，交给宝宝让宝宝放手，宝宝会发现气球仍然会飞，而且还会洒水下来，这个游戏就更有意思了。

小·贴士

气球里装水的环节最好还是到花园里去玩，否则家里到处都是水，宝宝跑动的时候容易摔跤。

让手臂长长的办法

☑ 控制工具的能力
☑ 判断力

游戏难度
★★☆☆☆

适宜时间： 1岁以上的宝宝都可以做到。

培养目的： 这个游戏可以让宝宝学会使用工具，在游戏的过程中腰背、手臂的力量会得到锻炼。

游戏准备： 尺子、网球拍、扫把等有一定长度的物品。

1 妈妈跟宝宝都坐在地上，在周围画一个圈，将两个人圈在里面，把尺子、网球拍等放在圈边，告诉宝宝不管玩什么都不能出圈子去。

2 把宝宝的球扔到圈外恰好徒手够不着的地方，问宝宝："怎么样才能把球捡回来呢？"宝宝可能会直接站起来去追球，这时候妈妈要提醒宝宝不能出圈子，看宝宝怎么办。

3 妈妈示范把网球拍握在手里，将网球拍向外探，告诉宝宝："看，妈妈的手臂长长了，能够够到球了。"边说边用网球拍把宝宝的球够回到圈边，伸手拿回来，欢呼一下："妈妈拿到球了。"

4 再次把球扔出圈外，让宝宝够取，提醒宝宝看看宝宝身边的各种物品："看，那边有把扫把，能不能让宝宝的手臂也长长，让你把球扫回来呀？"

小贴士

宝宝拿起工具的时候妈妈要护着宝宝，以免宝宝胳膊乏力打到自己。

第五章

18～24个月
的游戏

早教指导：
培养宝宝自信心

　　自信从根本上来说就是自我认可。因为小宝宝必须从父母对待自己的方式、方法上来获得这种自我认可，所以父母培养宝宝的自信心，要从自身出发。

　　1.给宝宝足够的尊重。如认真对待宝宝的要求，让宝宝拥有自己的空间，让宝宝有机会做自己喜欢的事，需要宝宝帮忙的时候用请求的语气并说谢谢等，宝宝会因为受到重视并且被需要而建立起自信。另外，你可以把宝宝的各种作品张贴在家里比较醒目的位置，荣誉感会让宝宝更自信。

　　2.和宝宝平等交流。无论宝宝做不好什么事，都不能嘲笑、责备甚至辱骂宝宝。你完全可以分析缘由，然后跟宝宝平等地讨论并将这件事完成好。

　　3.让宝宝学会生活自理。能力强的人当然更自信，自理能力是其他能力的基础，父母要多训练，让宝宝少出现技不如人的情形，如果遇到困难，鼓励宝宝想办法或者给予帮助克服困难。

　　4.父母有不懂的地方不遮掩。宝宝提出的问题，如果回答不出就老实告诉宝宝，让宝宝明白任何人都有做不到的事情，避免将来为某个失败太灰心。

　　5.别否定宝宝的个性和长相。告诉宝宝自己长相的长处，在宝宝的个性基础上发挥长处而不是强迫宝宝改变个性。

　　6.父母做受人尊敬的人。父母受人尊敬宝宝会更自信。另外要鼓励宝宝自由地跟同龄人交往，让宝宝在社交中获得自信。

　　但是要注意，要避免过度表扬宝宝，避免总让宝宝占上风，这样会让宝宝变得盲目自大，与培养自信的初衷就相悖了。

穿过羊肠小·道

游戏关键词

☑ 自信心
☑ 平衡力

游戏难度
★★★★☆

适宜时间： 宝宝1岁半以后走得比较稳当时就可以玩了。

培养目的： 规定宝宝在较窄的路面上行走，对平衡力还不是很好的宝宝来说有一定的困难，完成了会大大激发宝宝的自信心。

游戏准备： 用粉笔在地上画两条平行的线，开始时画直的，以后可画弯的。

1 画好线后，告诉宝宝："这是一条羊肠小道，现在妈妈要走过羊肠小道。看着妈妈的脚，不会超出粉笔线的。"

2 妈妈走过之后，让宝宝也模仿走过来。如果宝宝不肯模仿，妈妈就再走回去，让宝宝从后面拉着妈妈的手，妈妈在前头走，宝宝在后头跟。走过几次后，再让宝宝单独走。

3 当宝宝开始自己走了，就宝宝在一头，妈妈在另一头，两人同时出发，走到中间汇合，打声招呼："宝宝，好巧啊，我们遇见了，你要到哪里呀？宝宝要到那头去。"然后侧身跟宝宝擦肩而过，各自走向终点。

小·贴士

游戏刚开始的时候，只要宝宝能基本按照要求在划定的路线上行走就可以了。熟练之后就要要求宝宝绝对不能踩线，提高宝宝对规则的认识。

拼图

 哈哈！

游戏关键词
☑ 自信心　☑ 观察力
☑ 逻辑思考能力

游戏难度
★★★★★

适宜时间： 1岁半左右的宝宝可以试着玩了。

培养目的： 把拼图归位需要观察力和逻辑思考能力，成功了会让宝宝有成就感，从而产生自信，另外做这个游戏时宝宝的手部动作可以得到锻炼。

游戏准备： 几套不同难度的拼图。

1 刚开始玩拼图游戏时，选择块数少、形象简单并在底板上画出了每块拼图轮廓的拼图。宝宝拼不上的时候，妈妈要提醒宝宝："你看这个边是波浪形的，看看哪块是波浪形的？"

2 当宝宝已经能很好地完成简单的拼图了，就可以换底板上没有提示的拼图让宝宝拼。宝宝开始会不习惯，妈妈可从旁指导，拼好了要给予表扬："啊，宝宝连没有底板提示的拼图都能拼了，真不错！"让宝宝感到自豪。

3 宝宝持续拼已经拼熟了的拼图，可能就找不到自豪感了，妈妈可以告诉宝宝："明天我们拼个更难的。"激发宝宝的挑战欲望。

小贴士

　　宝宝拼不上的时候很容易急躁、发脾气，妈妈要适时鼓励并给予指导，千万别说："那就玩别的吧。"这会让宝宝今后更容易产生畏难情绪。

钓鱼比赛

游戏关键词 ☑ 自信 ☑ 精细动作 ☑ 想象力

游戏难度 ★★★☆☆

适宜时间： 宝宝2岁左右就可以玩了。

培养目的： 看着鱼一条一条地被钓上来，宝宝的自信心会越来越强，能越发投入游戏。这可以很好地锻炼手腕关节和肌肉。

游戏准备： 在木棍一头拴线，挂上磁铁代表鱼竿，把书围成圈代表池塘，将彩纸撕成纸片，别在曲别针上代表鱼。

1 告诉宝宝那些别着曲别针的纸片是"鱼"，书围成的圈是"池塘"。然后跟宝宝说："我们一起把'鱼'放入'池塘'吧。"母子一起把纸片都放入书围成的圈中。

2 带着宝宝数一数"池塘"里的鱼，再示范一下"鱼竿"钓鱼，让宝宝也试试，然后妈妈提议："我们来比赛钓鱼吧。"把"鱼竿"分给宝宝一根，讲好规则："我们一起开始，直到鱼被钓完，谁钓得多算谁赢。"

3 妈妈喊"开始"，两人一起动手，把自己钓到的鱼放在自己身边，钓完以后计数，宝宝赢了要祝贺宝宝，自己赢了就要求宝宝祝贺自己。

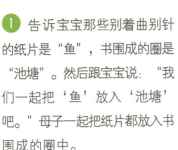

小贴士

比赛时不要总让宝宝赢，总赢会让宝宝变得自大，承受不了失败；也不要总让宝宝输，总输会让宝宝失去自信，要有输有赢。

游戏育儿百科

宝宝说了算

游戏关键词 ☑自信 ☑独立

游戏难度 ★★★★

适宜时间： 宝宝2岁左右时都可以玩。

培养目的： 让宝宝做主安排一些家庭生活，让他体会到尽在掌握的快乐，进而建立自信，对独立性培养也有好处。

游戏准备： 选择休息日，全家都闲适的时候。

② 外出前，给宝宝两个选择的机会。首先让宝宝选衣服，妈妈准备两套适合的衣服，让宝宝选一套，然后再让宝宝选择"去游乐园玩呢，还是到动物园呢？"不管宝宝选了什么，都依照宝宝的决定去做。

③ 衣服选好后，妈妈夸夸宝宝："宝宝的选择很不错，很适合今天的心情和天气。"游玩结束后，再夸夸宝宝："宝宝的选择真好，我们玩得都很开心。"让宝宝感到满足和快乐。

① 妈妈告诉宝宝："今天是休息日，我们都听宝宝的，今天宝宝说了算。"早餐的时候让宝宝安排座位、分发碗筷，游戏的时候让宝宝派定角色，走路的时候让宝宝决定谁跟谁一起等，每个人都要乐呵呵地遵从宝宝的安排。

小·贴士

让宝宝做选择，一旦做了就要按照宝宝选择的去做。应注意给宝宝的选择划定范围，如果宝宝的选择无法实现，就容易伤害宝宝的自信心。

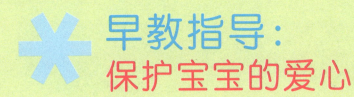

早教指导：
保护宝宝的爱心

　　有爱心，对别人好是一方面，但更主要的是自己更容易获得幸福。爱心，每个人生来就有，只要保护好就行。保护或培养宝宝的爱心，方式、方法都要讲究：

　　1.让宝宝有机会奉献爱心。宝宝还没有能力去真正照顾别人，但一定要让宝宝有奉献爱心的机会，得到奉献爱心的体验。妈妈可以经常让宝宝帮自己做点事，另外最好给宝宝养些花草或者小动物，让宝宝从小照顾它们，爱心在这个过程中会被不知不觉培养出来。

　　2.让宝宝学会设身处地地体谅他人的需要或者痛苦。妈妈可以多教导宝宝替别人着想，看到别的小朋友摔倒了，让宝宝想想自己摔倒是不是也痛，从而鼓励宝宝去照顾摔倒的小朋友。

　　3.赞美宝宝表现出的爱心。宝宝的爱心表现有时候在大人眼里近乎于做傻事，父母要时常反省自己的行为，如在宝宝给你倒来一杯水的时候要感谢和赞美而不是因为怕烫伤宝宝而制止；当宝宝捡回了受伤的小鸟要养着，不要因为怕脏、怕麻烦而拒绝。

　　当然，要让宝宝有爱心，最重要的一点就是要让他感受到被爱的感觉，所以父母要给宝宝足够的爱和温暖。但是有一点要注意，父母爱宝宝绝不能是溺爱，不能什么要求都满足，否则宝宝只能学会索取，而不可能爱人了。

给他揉揉痛

哈哈！

适宜时间： 宝宝摔跤或其他东西跌倒的时候就可以玩。

培养目的： 让宝宝设身处地想象其他受伤事物的感受，引发宝宝的同情心和爱心，照顾其他事物的同时宝宝自己的伤痛感也会淡化。

游戏准备： 不需要什么准备。

1 宝宝摔倒之后，可能会哭，妈妈给宝宝揉揉，宝宝停止啼哭了，要问问宝宝："宝宝摔到哪里了？"宝宝会指出地方，然后妈妈引导宝宝，让宝宝明白宝宝刚刚碰到的这块地方也会感觉疼，让宝宝也给这块地方揉揉痛。

2 宝宝不小心撞到了小板凳或者手里拿的玩具掉了，不要扶正、捡起来就了事了，妈妈可以启发宝宝想想小板凳和玩具是不是摔疼了，让宝宝安慰安慰这些东西，给它们揉揉痛。

3 妈妈受了小伤或者头疼了，是培养宝宝爱心的好机会，让宝宝给妈妈揉揉痛处，按摩按摩头部。这样可以培养宝宝形成照顾别人的习惯，慢慢地，爱心就培养出来了。

小·贴士

当宝宝照顾那些无生命的东西时，妈妈千万不要告诉宝宝那种行为无意义，那会伤害到宝宝的爱心。

小花小花喝水了

游戏关键词

☑ 爱心
☑ 责任心

游戏难度
★★★

适宜时间： 宝宝1岁半以后，就可以带着宝宝玩，到2岁以后可以让宝宝独立玩。

培养目的： 让宝宝跟着妈妈照顾花草，了解花草的需求，可以让宝宝懂得尊重生命，从而激发爱心。到宝宝自己能独立照顾时，责任心会逐步培养起来。

游戏准备： 家里养几盆无毒的花草，再备一个小喷水壶。

① 待宝宝吃完某一餐后，启发宝宝说："宝宝吃饱了，咱家小花今天还什么都没吃呢，肯定饿了，该怎么办呢？"

② 宝宝可能会说把自己吃的饭给小花，妈妈就告诉宝宝："小花不喜欢吃咱们的饭，它喜欢喝水、晒太阳。我们给它喂点水吧。"把小喷水壶给宝宝，带着宝宝给小花浇水。边浇边说："小花小花喝水吧。"

③ 水落在花草上会引起花草晃动，妈妈可乘机跟宝宝说："看，小花喝了水多高兴啊，它跟宝宝点头呢，它在谢谢你呢。"

小贴士

　　到宝宝可以照顾花草了，要预防宝宝一天浇好几次水，可以告诉宝宝："宝宝喝多了水会撑得不舒服，小花也一样。"让宝宝按照花草的正常需求做。

跟·小·狗做朋友 哈哈！

游戏关键词
☑ 爱心
☑ 分享

游戏难度
★ ★ ★ ★ ★

适宜时间： 1岁半以后就可以玩。

培养目的： 宝宝天生喜欢小动物，让宝宝和小动物交朋友、给小动物喂食能充分激发宝宝的爱心。

游戏准备： 给宝宝养只小狗或者带他到邻居家去看看小狗。

1 家里养了小狗，妈妈要告诉宝宝，小狗是宝宝的好朋友，小狗也会痛，宝宝不能做掐小狗、揪狗毛等伤害小狗的事。让宝宝学会温柔对待小狗。

2 宝宝吃饭的时候，把小狗的食盆放在宝宝脚边，跟宝宝说："让小狗跟宝宝一起吃饭吧。"鼓励宝宝定时定量喂养小狗。

3 小狗在睡觉的时候，妈妈指给宝宝看："看，小狗睡觉了。嘘，我们不要打扰它，让它好好睡吧。"妈妈这时候还可以抱着宝宝坐在小狗对面给小狗唱首儿歌，让小狗睡得更香。

4 如果宝宝怕小狗，妈妈可在小心陪护的情况下鼓励宝宝与小狗近距离接触，让宝宝摸摸小狗的皮毛等，消除宝宝的惧怕情绪。

小·贴·士

宝宝很喜欢小狗，但是宝宝下手不知轻重，容易惹怒小狗，妈妈要小心看护，预防宝宝被小狗咬伤。

在路上

 哈哈！

☑ 爱心
☑ 配合

游戏难度
★★☆☆☆

适宜时间： 宝宝将近2岁的时候可以玩。

培养目的： 通过模拟在路上遇到的一系列事，让宝宝学会关心别人，掌握帮助别人的方法。

游戏准备： 让爸爸配合模拟路上偶发情况，用小熊、小鸭子、拨浪鼓等做相关人与物。

❶ 妈妈假装带着宝宝外出逛街，走着走着，爸爸装作小鸭子的声音喊："谁来帮帮我啊？我的脚扭伤了。"妈妈立刻带着宝宝赶到小鸭子旁边，查看小鸭子的伤势。

❷ 妈妈启发宝宝遇到这种情况该怎么办，让宝宝想起来应该送小鸭子上医院，两个人一起配合抬着小鸭子到医院，爸爸作为医生接待并感谢妈妈和宝宝的爱心行为。

❸ 妈妈和宝宝出了医院继续走，又听到小熊在哭，原来它的拨浪鼓丢了，于是妈妈带着宝宝帮小熊找拨浪鼓，小熊感谢宝宝。

❹ 帮助小熊之后，妈妈和宝宝坐在沙发上，假装在坐公交车，爸爸装作老爷爷上车，妈妈和宝宝立刻给老爷爷让座，老爷爷也谢谢宝宝。

小·贴士

在实际生活中，一些对宝宝来说力所能及的小事，爸爸妈妈也可以请求宝宝的帮助，激发宝宝的爱心。

小熊生病了

游戏关键词
☑ 人际交往
☑ 爱心

游戏难度 ★★★★

适宜时间： 宝宝2岁左右就能玩了。

培养目的： 让宝宝看望生病的小熊，体会病中小熊的痛苦并照顾小熊，培养宝宝的爱心，并让宝宝学会友好地与人相处。

游戏准备： 1只毛绒熊。

1 妈妈把毛绒熊放在床上，盖上毛巾，假装毛绒熊生病了，然后问宝宝："小熊生病了，我们该怎么办呢？"

2 宝宝露出迷茫的神情，妈妈启发宝宝："宝宝生病的时候是不是很难受，想要有人陪伴，有人照顾啊？"宝宝点头后，妈妈带宝宝一起照顾小熊，假装帮小熊盖被子、量体温、喂水等。

3 妈妈再问宝宝："宝宝每次生病的时候，妈妈是不是都给你买好吃的呀？把你的好吃的也给小熊一点吧，它吃了好吃的，就能很快痊愈了。"让小宝宝大方贡献出自己的零食。

4 妈妈和宝宝照顾一会儿小熊，小熊的病就好了，妈妈再装作小熊的声音愉快地跟宝宝说："我已经全好了，都是宝宝照顾得好，谢谢你呀。"让宝宝感到自豪。

小贴士

游戏结束之后，可以跟宝宝讨论下如果妈妈或爸爸生病了，宝宝应该怎么照顾。

早教指导：
丰富宝宝想象力

　　宝宝从小就有强大的想象力，会经常说一些让你觉得不可思议或者捧腹大笑的话，这都是宝宝的想象力创造出来的。想象力比知识更重要，知识有限，而想象力无限，想象力使得知识不断增长。父母都愿意让宝宝的想象力更丰富，但是培养时要遵循一定的准则：

　　首先，不要对宝宝的想象品头论足，动不动就告诉宝宝什么是好主意，什么是坏主意，这不但会阻碍宝宝想象的动力，还会伤害宝宝的自尊。父母要明白一成不变是想象力的大敌，要做的是让自己改变固有的思路，保持开放的思想，避免因为自己的死板而扼杀了宝宝的想象力。

　　其次，多向宝宝提问题，鼓励宝宝思考，比如他画的是什么，为什么要这么画，玩的是什么游戏，游戏各个道具代表什么等。提问的过程可以激发宝宝的想象力，宝宝的思路会因此而更开阔。

　　再次，不要总是给宝宝买新玩具，鼓励宝宝一物多玩。如果父母总是用新玩具引诱宝宝，宝宝就会放弃创造新玩法而一直要新玩具，而创造新玩法远比买新玩具更能激发宝宝的想象力。

　　最后，想象力是由一物联想到另一物的过程，当然是见识越广，联想越多，想象力也就越丰富。因此，要给宝宝足够的自由，让宝宝有机会多实践。

　　不过，宝宝有时候的想象是荒诞、不合理的，大人尽管不宜直接否定，但也不应该不加分辨地过度表扬，以免让宝宝习惯这种胡言乱语或胡思乱想。

游戏育儿百科

毛毛虫变蝴蝶

游戏关键词
- ✓ 动作协调性
- ✓ 想象力

游戏难度
★★☆☆☆

适宜时间： 1岁半左右就可以玩。

培养目的： 宝宝扮作毛毛虫和蝴蝶，过程里充满了想象，可刺激宝宝的想象力，而宝宝弯腰、站起、挥动胳膊、跑则可以促进宝宝动作协调性的发展。

游戏准备： 不需要什么准备。

1 妈妈盘腿坐在地上，让宝宝背向坐在怀里，妈妈向前伸双臂，腰部以上向前弯曲，压向宝宝，迫使宝宝也弯腰。妈妈边弯腰边说："宝宝是毛毛虫，现在茧把毛毛虫包裹了。"弯腰到最低程度时，妈妈用双臂紧紧抱住宝宝。

2 紧抱宝宝一小会儿后，妈妈慢慢直起身，宝宝也跟着直起来了，妈妈就说："毛毛虫，你醒过来啦。"

3 妈妈拉着宝宝的双臂挥动几下，说："你变成蝴蝶啦。"鼓励宝宝站起来张开双臂在妈妈的周围奔跑，宝宝跑，妈妈加油："小蝴蝶飞走了,飞呀,飞呀。"

4 待宝宝跑回来，坐到妈妈怀里的时候就说："小蝴蝶飞回来啦。飞到茧里来了。"重新把宝宝包裹起来，再玩一次。

小·贴士

天气晴好的时候带宝宝到户外玩这个游戏，更贴合想象环境，宝宝奔跑的时候限制也较少，会更开心。

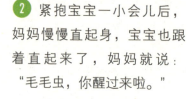

猜猜我是谁

☑ 语言能力
☑ 想象力

游戏难度

适宜时间： 宝宝1岁半以后，就可以经常跟宝宝玩这样的游戏。

培养目的： 妈妈描述，让宝宝通过描述猜出描述的对象，需要宝宝发挥想象力。这个过程本身用到较多的描述性语言，可以提高宝宝的语言能力。

游戏准备： 不需要什么准备。

① 妈妈蹲在宝宝对面，跟宝宝说："猜猜我是谁？"然后说："我有白色的毛，红色的眼睛，我还有两只长耳朵。"边说边把两根手指放在头顶模仿兔子向前蹦，最后再说一遍："猜猜我是谁？"

② 宝宝猜出来了，妈妈再出一个题目让宝宝猜，比如猜爸爸，就说出爸爸的特征，包括动作、语气、表情等，也可以说他的口头禅。

③ 如果宝宝猜不出来，妈妈可给予适当的提示，比如看看图画书，找找哪个小动物像妈妈描述的样子或者提示宝宝以前曾经在哪里见过具有这种特征的小动物，引导宝宝说出正确答案。

小·贴士

宝宝较小时，玩这个游戏时妈妈提供的信息要尽量多且直接，等宝宝长大一点，就可少提供些信息并且隐晦些，提高猜谜的难度。这样更能刺激宝宝想象力发展。

寄信游戏

游戏关键词　☑ 语言能力　☑ 想象力　☑ 表现力

游戏难度 ★★☆☆☆

适宜时间： 宝宝2岁左右的时候可以开始玩。

培养目的： 让宝宝模仿寄信，在纸上画上一些东西折叠好寄给妈妈，可让宝宝通过想象了解寄信过程，画画则可以促进宝宝表现力的发展。

游戏准备： 2个信封，1个写"妈妈收"，另一个写"宝宝收"；1沓白纸、2支笔；2个带盖盒子，1个写"宝宝信箱"，1个写"妈妈信箱"。

1 妈妈给宝宝写封信，可以是字也可以是画，装进写有"宝宝收"的信封，投递到写有"宝宝信箱"4个字的信箱，叫宝宝来收信。看着宝宝打开盒子，取出信封再取出信。

2 等宝宝"看"完了信，妈妈跟宝宝说："妈妈也想收到宝宝给妈妈的信，宝宝也给妈妈写封信吧。"教导宝宝在白纸上"写信"。宝宝怎么写都可以，随便乱画也没关系。

3 宝宝的信写好后，让宝宝看看信封，然后把信装进去再投入妈妈的邮筒内。妈妈兴奋地拿出信来看，看完后再给宝宝回一封。

小贴士

　　妈妈和宝宝可能都无法看懂对方的信，不妨互相解释一下，解释也是激发想象力的过程。

小宝宝逛公园

游戏关键词
- ✓ 语言能力
- ✓ 想象力

游戏难度
★★★☆☆

适宜时间： 宝宝2岁左右的时候可以在大人带领下玩这个游戏。

培养目的： 用风马牛不相及的瓶子代替娃娃玩这个游戏，宝宝需要发挥想象力才能承认这点。

另外这个游戏主要是讲故事，可以促进语言能力发展。

游戏准备： 2个大瓶子，1个代表公园，1个代表奶奶家，1个杯子代表小宝宝。

1 把2个大瓶子分别放在茶几的两头，告诉宝宝："左边这个是公园，右边这个是奶奶家。"

2 讲明小瓶子是小宝宝，小宝宝出门了，问问宝宝："宝宝出门了，想去公园玩呢，还是想到奶奶家去？"

3 如果宝宝说去公园，就问问："公园在哪里，小宝宝应该往哪边走？"

4 妈妈拿着小杯子咯噔咯噔地在茶几表面移动，边移动边说："宝宝要到公园玩去喽，走呀走呀。"来到代表公园的大瓶子边停下说："终于到公园了。"

小·贴士

等游戏玩熟了，就可以让宝宝拿着小杯子边做游戏边编故事了。

让我们荡起双桨

游戏关键词

✅ 动作协调性
✅ 想象力

游戏难度
⭐⭐☆☆☆

适宜时间： 2岁左右的宝宝可以在教导下学会这个游戏。

培养目的： 把椅子当作船玩划船，本来就是想象出来的，期间还可以想象、描述划船过程中的各种情形，极大地丰富宝宝的想象力。

游戏准备： 1把椅子、1张凳子当作船，两把长条状的日用品，比如拖把和扫帚当作桨。

① 妈妈跟宝宝说："我们来玩划船吧。"把椅子和凳子前后放置，凳子在前，椅子在后，宝宝坐椅子，妈妈坐凳子，宝宝抓着妈妈的腰，妈妈拿着扫帚，唱起歌曲《让我们荡起双桨》，同时前仰后合地假装划船，带动宝宝跟着自己一起前仰后合。

② 唱一遍过后，将凳子与椅子分开些，妈妈坐在凳子上跟宝宝面对面，假装向凳子底下张望，看到了各种鱼和小石子。

③ 给宝宝扫把或者拖把，让宝宝跟着妈妈一起"划船"。要求宝宝"划桨"的动作跟妈妈保持一致，宝宝的身体仰合方向也与妈妈保持一致。

小·贴士

因为划过船或者见过划船的宝宝玩这个游戏的时候更能发挥想象力，所以带宝宝玩这个游戏之前不妨真的去划一次船。

早教指导：
加强语言能力

　　宝宝的语言能力发展相对来讲是比较缓慢的，到了1岁半的时候仅仅能够发出20~29个有意义的字，能告诉别人自己的名字，能把2~3个字组合起来使用，教宝宝一句话，宝宝只能重复最后两个字。到了2岁的时候，才发展到能说50个以上的字，不过2岁的宝宝能够按照指示说出一部分身体部位名称，还能跟着大人说出儿歌开头和结尾的一部分，同时宝宝逐渐明白了代词的含义，能用"我"代指自己，用"你"代指对方。在这个阶段，父母要注意以下两件事：

　　首先，保护好宝宝发音积极性。但是，不管是1岁半还是2岁，宝宝的发音都可能很不准确，尤其是舌根音、舌尖音和翘舌音最不容易说准确，常常把"哥哥"说成是"dede"，把兔兔说成"dudu"等，有很大一部分宝宝只有妈妈才能听懂他们的话。在这个阶段，妈妈一定要保护好宝宝发音的积极性，自己不能学宝宝的发音，也别让别人因此笑话宝宝，以免宝宝自尊心受伤，丧失说话的勇气。

　　其次，多跟宝宝像成人一样交流。宝宝虽然语言表达能力较差，但理解能力已经很好了，能准确按照妈妈的指示去做事，并且喜欢看电视里的幼儿节目。正因为宝宝的语言理解能力很好了，所以父母就不要总是停留在教发音的程度了，多给宝宝讲些故事、儿歌，玩语言游戏，用跟成人交流的方式与宝宝交流，让宝宝接触更多的词汇，这样宝宝听多了自然就会说、会用了。

拔萝卜

游戏关键词
☑ 语言运用能力
☑ 音乐智能

游戏难度
★ ★ ★ ★ ★

适宜时间： 宝宝1岁半的时候就能很好地玩这个游戏了。

培养目的： 在歌词中随机加入宝宝所熟悉的人名或小动物名，既培养了语言能力，也促进音乐智能的进步。

游戏准备： 学会《拔萝卜》这首歌。

① 妈妈唱《拔萝卜》这首歌给宝宝听："拔萝卜，嘿哟嘿哟，拔萝卜，嘿哟嘿哟，拔不动。"唱完"嘿哟嘿哟拔不动"开始换词，可以换成奶奶呀、叔叔呀、小狗呀等宝宝熟悉的角色，接着唱"奶奶呀，快快来，快来帮我们拔萝卜。"

② 妈妈唱过几遍后，唱到需要换词的地方停下来，问问宝宝："让谁来帮我们拔萝卜？"宝宝说出谁，妈妈就换成谁接着唱。

③ 把儿歌内容情景化，放1个比较重的物品在地上假装是萝卜，让宝宝来搬动。搬不动时，同样问问宝宝想让谁来帮忙。宝宝说是谁，妈妈就唱谁，让宝宝去请他，让他去帮宝宝搬重物。

小·贴士

等宝宝熟悉了这首歌，妈妈在开头和结尾的时候就可以放慢速度，等等宝宝，宝宝会跟着唱2~3个词。

打电话

适宜时间： 宝宝1岁半的时候可以多玩这个游戏。

培养目的： 宝宝见多了你打电话，已经明白电话的用途，把手机给宝宝，宝宝就会忍不住对着话筒说话了。这对提高宝宝与人交流的意识和语言表达的能力都有益。

游戏准备： 2个玩具电话或者关了机的手机。

❶ 给宝宝一个电话，自己拿一个电话，妈妈假装发出电话铃响的声音，然后对着电话说话："喂，宝宝，你叫什么名字？""宝宝，你今天吃什么了？""宝宝，爸爸在家吗？"类似这样很容易回答的问题都可以说。

❷ 宝宝可能会回答妈妈的问话，也可能自己瞎说一气或者对着电话微笑不语。无论哪种情况，这个游戏都要继续玩下去，慢慢地，这个游戏会真正成为沟通和交流的方式。

❸ 当爸爸不在家的时候，妈妈让宝宝给爸爸打个电话，让宝宝问问爸爸在哪里、什么时候回家。这种情况下，宝宝一般拿起电话就会说几句话。

小贴士

　　爷爷、奶奶等亲戚打电话来，妈妈可以给宝宝听一听，爷爷、奶奶会努力逗引宝宝说话，对提高宝宝的语言能力是比较有效的。

看图说话 哈哈！

游戏关键词 ☑ 词汇积累 ☑ 想象力 ☑ 语言表达能力

游戏难度 ★★★★

适宜时间： 宝宝1岁半就可以尝试玩这个游戏，到3岁后宝宝就能根据图画编故事了。

培养目的： 让宝宝看图说出内容，由简单到复杂，逐步提高宝宝的语言能力，而且边看图边描述可以大大提高宝宝的想象力。

游戏准备： 1本图画书，描绘的最好是类似海底世界、森林等的内容。

① 跟宝宝一起看图画，妈妈向宝宝提出问题，问问宝宝图画里都有什么植物、什么动物。

② 让宝宝说出自己见过图画里的什么动物或植物。如果家里有这种东西（如果看的图是海底世界，可以拿鱼的玩具等），拿出来让宝宝跟图画对比一下看是否一样。

宝宝给妈妈讲讲吧。

③ 跟宝宝一起给图画里的动植物各取个名字，妈妈拿着图画让宝宝站在妈妈对面，妈妈告诉宝宝："妈妈现在看不到图画了，宝宝给妈妈讲讲吧。"让宝宝用语言把图画内容讲出来。

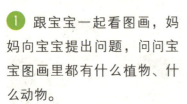

小贴士

宝宝的语言能力是慢慢发展的，刚开始看图说话的时候，只要求宝宝说出各种动植物的名称即可，以后可以发展到说出它们在干什么，直到宝宝能自己编个故事。

小明说 哈哈！

☑ 语言理解能力
☑ 身体部位认知

游戏难度 ★★★★★

适宜时间： 2岁的宝宝可以开始玩这个游戏。

培养目的： 让宝宝听指令做动作这个游戏，最主要的是要求宝宝理解指令。另外，指令中涉及众多身体部位名称，可加强宝宝对这些部位的认知。

游戏准备： 让爸爸也参与进来。

小明说什么，我们就要做什么。

小明说——双手放在膝盖上。

小明说——左手握住右手。

1 爸爸、妈妈和宝宝围坐成一圈，爸爸宣布规则："小明说什么，我们就要做什么。"

2 游戏正式开始，爸爸说："小明说——双手放在膝盖上。"说完"小明说"之后，最好停顿一下，让宝宝有反应的时间。妈妈配合，如果宝宝没照做，一起重来一遍，让宝宝慢慢理解游戏规则。

3 同一个指令重复几遍后变换指令，可以说"小明说——左手握住右手"或者"小明说——宝宝亲亲妈妈"等。说一遍宝宝没听懂就说第二遍，但每次都要说"小明说"，让宝宝体会什么是规则。

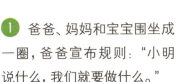

4 让宝宝发出指令，妈妈和爸爸听命令做动作，让宝宝体会一下指挥别人的快乐。

小贴士

　　游戏玩熟之后，再次玩的时候，故意漏掉"小明说"3个字，看宝宝还会不会遵照指令做动作，不做动作才是正确的。

传令兵 哈哈!

游戏难度
★ ★ ★ ★

适宜时间: 宝宝2岁左右就可以开始试着玩。

培养目的: 在这个游戏里,宝宝首先需要记住妈妈说的话,才能准确传给爸爸。过程中妈妈交代宝宝事情、爸爸还原妈妈说的话等都可以促进宝宝学习语言。

游戏准备: 不需要什么准备。

❶ 妈妈趴在宝宝的耳朵边,跟宝宝说:"妈妈想吃糖。"宝宝可能愣怔地看着妈妈,妈妈就重复一遍:"妈妈想吃糖,去告诉爸爸。"

❷ 宝宝理解了妈妈的意图,会跑向爸爸,但不能说出完整的句子,爸爸给宝宝补充完整,并照宝宝说的做。比如宝宝会说:"爸爸,糖。"爸爸问:"糖怎么啦?"宝宝说:"吃糖。"爸爸问:"谁要吃糖?"宝宝说:"妈妈。"爸爸将一句话完整说出:"妈妈要吃糖?是吗?"将糖给宝宝并让宝宝拿给妈妈。

❸ 宝宝成功地帮妈妈要到糖果,妈妈就奖励宝宝一些东西,比如小红花、小红旗等,以后传的令可以更复杂些。

小贴士

　　等宝宝到2岁半左右,这个游戏可以变化一下,如变为传悄悄话,妈妈传给宝宝,宝宝传给爸爸,爸爸再说出宝宝的话,看是否正确。

早教指导：
培养宝宝数学智能

　　数学智能指的是应用数理逻辑能力来思考问题、解决问题的能力，数学智能高的人领悟力特别高，能更容易地抓住事物本质。因此，数学智能是所有学习的基础，数学智能高的人在读书的时候不仅仅是数学学得好，而是各门成绩都比较好。

　　数学智能真正开始发展是在3岁以后，但3岁以前仍然可以做些训练。

　　1.了解宝宝对数学认知的进程，其中，4～6个月时能够区分大小，7～9个月时能明白"1个"和"2个"的概念，10～12个月能估计高度和距离并逐步建立起时间、空间和因果关系，12个月时可自然口头数数1、2、3，2岁时可点数，3岁时会倒数10位数，做5以下的连加。妈妈可在每个阶段有针对地强化训练，让宝宝理解一些数学概念。

　　2.增加宝宝对数字的敏感性，经常提醒宝宝观察和记忆数字，路牌、电话号码、车牌等都是记忆内容。

　　3.宝宝提问的时候，不要直接给出答案，而是利用宝宝已知的知识，让宝宝去联想思考得到答案。

　　4.遇到实际的问题时，问问宝宝该怎么办，让宝宝学会用思考来解决问题，可以锻炼宝宝的逻辑思考能力。

　　需要特别指出，宝宝喜欢翻来覆去观察玩具并喜欢拆开来看，这是数学智能发展的表现之一，妈妈不要阻止，可以带着宝宝将玩具复原。

数字回家 哈哈！

游戏
关键词
☑ 认识数字
☑ 观察能力

游戏难度
★★★★★

适宜时间： 1岁半以后的宝宝可以玩这个游戏。

培养目的： 通过观察发现一样的数字，玩的次数多了宝宝就会记住这些数字，为宝宝认识数字打下基础。

游戏准备： 5个小盒子，在盒子的侧面分别写上1~5，在数字下方划一道口子，正好容许一张卡片通过，再准备1~5的数字卡片。

❶ 将盒子一字排开放在宝宝的面前，告诉宝宝这些盒子是数字卡片的家，只要盒子上的数字和卡片上的数字一模一样，卡片就能从盒子的口子里回到它的家。

❷ 妈妈跟宝宝说："我们把数字送回家吧。"拿起一张数字卡片给宝宝看，告诉宝宝这是几，然后把盒子上的数字读一遍，问问宝宝哪个盒子和数字卡片上的数字一模一样。

❸ 一个一个对比给宝宝看，直到找到同数字卡片显示的数字一样的盒子，再把盒子上的数字读一遍，然后形容字形给宝宝听听，就把卡片投进去。

小·贴士

等这个游戏玩熟了之后，可以换成大小不一的盒子，写有小数字的的盒子小，写有大数字的盒子大，让宝宝直观地感受数字大小。

赢大小

哈哈!

游戏关键词
☑ 大小概念
☑ 认识数字

游戏难度
★★★★

适宜时间: 1岁半以上的宝宝可以玩。

培养目的: 开始玩这个游戏时主要对比套筒大小、数字大小和小红花的多少,让宝宝明白这些数字概念,到2岁时宝宝可以逐渐记住数字。

游戏准备: 准备6个为1套的套筒玩具,按照大小依次写上数字,最小的写1,最大的写6,再准备一些小红花作为筹码。

1 将套筒和小红花平均分开,套筒大小要合理搭配,妈妈和宝宝各得一半,告诉宝宝比赛规则,每人任出一个套筒,大的赢。

2 如果宝宝出了3,妈妈出了5,妈妈就用自己的套筒扣住宝宝的套筒,告诉宝宝:"妈妈的套筒大,宝宝的套筒小。妈妈的是5,宝宝的是3。妈妈的套筒套住了宝宝的,妈妈赢了。"要求宝宝输给自己一朵小红花。

3 等游戏结束了,把宝宝的小红花和自己的小红花都数一数,然后比一比,看谁的多,少的一方要向多的一方表示祝贺。

小·贴士

这个游戏比较抽象,最初玩的几次,宝宝的反应肯定比较迟钝,妈妈别因为宝宝玩不了就停下来,错失训练机会。

生活处处有数字

 游戏关键词　✅ 理解数字意义

 游戏难度 ★★★★

适宜时间： 将近2岁的宝宝可以玩这个游戏。

培养目的： 数字是比较枯燥的东西，教宝宝认识数字时，最好是让宝宝在生活中多接触，这些有具体、实际意义的数字更让宝宝感觉亲切。

游戏准备： 不需要什么准备。

1 给宝宝念儿歌："一二三，爬上山。四五六，翻跟头。七八九，拍皮球。伸开手，十个手指头。"这可以让他很方便地记住这十个数字。

2 多跟宝宝做数字的问答，比如问宝宝今年几岁，去年几岁，明年几岁；问宝宝有几根手指头，几只手，几个鼻孔，几张嘴巴等，让宝宝熟悉数字。

3 鼓励宝宝用数字讲出自己的需求，比如问问宝宝："你要几块糖？"宝宝可能每次都会固定地说出同样的数字，那是宝宝最喜欢、最熟悉的数字，妈妈按照宝宝说出的数字给宝宝就可以了。

4 妈妈做饭的时候可以让宝宝帮忙，告诉宝宝："给妈妈取两瓣蒜。"妈妈切水果的时候也可以让宝宝帮忙："帮妈妈拿两个苹果来。"

小贴士

不仅仅是数字，很多知识、技能都是融入生活中后，宝宝才会学得更快。

比比谁的多

 哈哈！

 游戏关键词

- ☑ 分类
- ☑ 多少概念
- ☑ 动手能力

游戏难度 ★★★★

适宜时间： 快到2岁的宝宝就可以玩这个游戏了。

培养目的： 象棋的颜色作为分类的依据，能让宝宝理解分类的概念，摆放象棋能锻炼宝宝的动手能力和速度，摆放数量不同则让宝宝很好地了解多少的概念。

游戏准备： 1副象棋和1个棋盘。

1 将象棋全部倒出来，放在宝宝和妈妈中间，告诉宝宝要把象棋分开，红的和红的是好朋友，放在一起，绿的和绿的是好朋友，也放在一起。

开始！

2 象棋分好后，进行下一步，妈妈和宝宝各分一种颜色的象棋，把棋盘摆在中间，告诉宝宝把自己的象棋摆放在棋盘上，妈妈喊"开始"，开始摆放，妈妈喊"停"，停止摆放。

停！

3 停止摆放后，数数看谁的多，可以点数，也可以排长龙比长短或者摞起来比高低、围在一起比面积等，让宝宝从多方面了解大小和多少的概念。

4 游戏结束后，和宝宝一起边点数边将象棋放回盒子里。

小·贴士

当宝宝玩得比较熟练以后，妈妈可以请宝宝自主将象棋放回盒子里，当宝宝将象棋全部放回盒子时，夸奖宝宝："宝宝真能干，把象棋全部送回家啦！"

电话号码 哈哈！

适宜时间： 宝宝2岁左右就可以开始玩。

培养目的： 宝宝对大人的手机很感兴趣，可以趁宝宝玩手机的时候让宝宝认识数字键，再大一些可以练习记忆电话号码。

游戏准备： 1部玩具手机。

① 让宝宝拿着手机，手机数字键正对宝宝的脸，妈妈把宝宝抱在怀里，给宝宝读数字键上的数字，顺序从1读到9，让宝宝跟着念。

② 读的次数多了，可试试宝宝记住没有，妈妈用手指点数字键，开始时顺序从1指到9，看宝宝能读出几个，然后再从中间跳着点几个，看宝宝是否还能读出来。

③ 当宝宝能读出几个数字了，可以由妈妈读数字，让宝宝用手指按数字键，看能按对几个。

④ 把爸爸、妈妈、爷爷、奶奶等人的电话号码写在纸上，贴在墙上，告诉宝宝都是谁的电话号码，让宝宝知道只要按对这些数字就能打通电话，刺激宝宝学习数字的积极性。

小·贴士

　　宝宝的记忆较短暂，今天记住的，明天可能就忘了，可以天天重复玩。但是，对于数字，宝宝知道一点、了解一点即可，千万不要强迫宝宝记忆、学习，以免产生厌学情绪。

早教指导：
本阶段的大动作和精细动作锻炼

  1岁半至2岁的宝宝各种动作能力处在行与不行之间，也就是大部分都会做而不熟练，水平也不稳定，具体表现如下：

  首先，在大动作方面，宝宝走、跑都平稳很多了，速度和节奏都可以自己掌握，但还是偶尔会摔跤；宝宝会跳了，但仅仅能连续跳几下而已；能跟着音乐跳舞，但动作单一，仅仅是扭扭屁股；会做体操，但必须有成人示范；能自己上下楼梯，但速度很慢；能够踮起脚尖拿取东西，也能跨过高10厘米左右的横杆，但动作都让看的人感觉有些心惊。

  其次，在精细动作方面，宝宝能把线穿入扣眼，但费时较长；能向不同方向抛球，能向前推球，但抛不远也推不远；能自己脱鞋袜，但基本上靠蛮力；另外还有些动作也是会做但都不太流畅，比如一页一页翻书、将积木搭高、用正确的姿势握笔、盖上瓶盖拧紧等。

  还有一个重要变化，就是宝宝看懂书或电视里的内容时，会模仿其中人物的动作和表情。

  在这种情况下，单纯的锻炼游戏对宝宝的吸引力可能不大了，妈妈跟宝宝之间可以多些比赛和配合的内容，更容易促进宝宝动作的进步。

跟着我走

游戏关键词 ☑ 行走能力 ☑ 观察能力 ☑ 模仿能力

游戏难度
★★★★★

适宜时间： 宝宝1岁半的时候基本能玩这个游戏。

培养目的： 让宝宝跟着妈妈走，不但要模仿步伐，还要遵守路线，这对宝宝的观察能力、行走能力以及模仿能力都有促进作用。

游戏准备： 不需要什么准备。

1 妈妈和宝宝并排站立，妈妈说："宝宝请跟着妈妈走。"然后喊："一，迈左腿。"同时迈出左腿。宝宝如果没有跟着妈妈做，需要再向宝宝说明："宝宝，看妈妈的腿，你也学妈妈这样做。"帮宝宝把左腿迈出来。

2 然后喊："二，迈右腿。"再教宝宝迈右腿。宝宝很快就明白这个游戏要怎么玩了。慢慢地，宝宝可以做到跟妈妈齐步走。

3 妈妈忽左忽右、忽然直线地行走，看宝宝是不是会乐哈哈地跟着你往前跑。

4 妈妈做出外八字、内八字脚，边做边说："我的脚是内八字。你的也是吗？"引导宝宝看看自己的脚和妈妈的脚有什么不同，让宝宝按照妈妈的样子做。

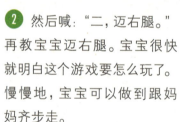

小·贴士

如果你能找到一片有沙子或松软土壤的地方，玩这个游戏会更好，可以在走过一段路后跟宝宝往回走，仔细观察两个人的脚印。

穿丝带 哈哈！

游戏关键词

☑ 精细动作　☑ 手眼协调
☑ 配合意识

游戏难度
★★★★☆

适宜时间： 1岁半的宝宝能跟妈妈配合完成，将近2岁时就能独立完成了。

培养目的： 丝带穿过小洞，必须先看准。此游戏对精细动作能力、手眼协调能力都有促进发展的作用。

游戏准备： 在1个纸盘中间剪1个小洞，另备1条较长的彩色丝带。

1 妈妈跟宝宝面对面而坐，妈妈把丝带穿过纸盘上的小洞，稍微露出一点头，告诉宝宝："看，丝带出来一点头，帮妈妈把它拉出来。"

2 待宝宝拉住丝带拉出一段时鼓励宝宝继续拉，直到将丝带全部拉到另一边。

3 将纸盘和丝带交给宝宝，让宝宝来穿丝带，开始时只要宝宝把丝带放到小洞中间，妈妈就可以尝试从小洞的另一头把丝带拉出来。以后宝宝动作准确了，能真正地把丝带穿过小洞了，妈妈就等丝带真正穿过小洞后再拉。

4 妈妈拉到丝带之后，多换几种方式将丝带拉到尽头，比如第一次直接将丝带拉出来，第二次双手轮换将丝带拉出来，第三次把丝带缠绕到手臂上拉出来，让宝宝了解不同的方法都可以达到一样的效果。

小·贴士

别让宝宝独自玩长丝带，以免缠到脖子造成窒息。

169

请你跟我这样做

☑ 动作模仿
☑ 注意力

游戏难度

适宜时间： 宝宝1岁半的时候就能模仿简单的动作了，可以开始玩这个游戏。

培养目的： 让宝宝跟着模仿妈妈的动作，动作能力会得到锻炼。另外，这个游戏比较有紧迫感，可以让宝宝更集中注意力。

游戏准备： 2条毛巾和2个乒乓球、2个杯子。

1 妈妈跟宝宝对面而坐，说："请你跟我这样做。"伸出一只手，手心朝上，要求宝宝也这样做。宝宝如果不做就帮宝宝把手伸出来，然后手心向上。几次之后宝宝就知道怎么玩了。

2 模仿完几个手势后，妈妈把一条毛巾放在自己面前，一条放在宝宝面前。妈妈说："请你跟我这样做。"然后将毛巾的一角折起来，鼓励宝宝模仿，之后将毛巾对折、翻转、抖动等都行。

3 玩过毛巾再玩乒乓球，每人一个乒乓球、一个杯子。妈妈说："请你跟我这样做。"用杯子把乒乓球扣住，然后再说："请你跟我这样做。"把杯子拿开，把乒乓球扔到杯子里等。

小贴士

开始玩这个游戏的时候，妈妈的速度可以慢一些，之后可以变快，能做多快做多快，宝宝能跟上节奏会很自豪。

室内篮球

游戏关键词
☑ 社会交往智能开发
☑ 动作准确性

游戏难度

适宜时间： 宝宝1岁半左右可以玩这个游戏。

培养目的： 这个游戏可锻炼宝宝手的灵活性和动作的准确性，此外还可以让宝宝学习到比赛、计分等内容。

游戏准备： 几张旧报纸，1个干净的纸篓，1~10的数字卡片和几朵小红花。

1 妈妈和宝宝面对面坐好，让宝宝照着妈妈的动作做，一起把报纸撕成条，再团成团，然后你一个我一个地跟宝宝将这堆纸团平均分开，告诉宝宝："我们的纸团是一样多的。"

2 把纸篓放在1米开外的地方，妈妈和宝宝并排坐好，妈妈往纸篓里投一个纸团，让宝宝也投一个。投中一个，就在身边放上写有"1"的数字卡片，投中两个就放"2"，谁投中放在谁的身边。

3 妈妈投不中的时候尝试跪着、站着等姿势，看宝宝投不中时会不会学习。

4 两个人手上的所有纸团都投完之后，看谁身边的数字卡片数字更大，就是谁赢，然后给赢者手上贴一朵小红花。

小贴士

跟宝宝比赛的时候，要让宝宝既有赢的时候也有输的时候，让宝宝既能享受胜利的喜悦又能承受失败的打击。

第六章

24～30个月的游戏

早教指导：
锻炼宝宝的自理能力

每个人最终都必须学会自理，不能自理的宝宝是无法独立的。

锻炼宝宝的自理能力，妈妈要有正确的态度，不能抱着长大了自然就会了的想法，这是不可能的。技能和意识需要长期培养才能具备，小时不锻炼，长大很难一蹴而就，到时候孩子和家长都会苦不堪言。锻炼宝宝的自理能力最重要的一点是父母不能大包大揽，能让宝宝自己动手的事一定让宝宝自己动手。如果宝宝不敢尝试或不愿意做，妈妈要鼓励宝宝、刺激宝宝，努力让宝宝锻炼自理能力。

1.游戏法：单纯训练宝宝一些技能，宝宝可能提不起兴趣，但如果融入游戏，比如把吃饭比作搬运食物，把收拾玩具比作送玩具回家，宝宝兴趣大增，就会做得很起劲了。

2.用儿歌、故事启发：儿歌、故事对宝宝有很大的吸引力，如果宝宝不愿意穿衣服，妈妈可以诱导宝宝："让妈妈看看火车怎么进山洞吧。"听惯"火车进山洞"儿歌的宝宝一定会乐意去做。

3.奖励法：当宝宝不愿意做某件事了，妈妈可以答应宝宝如果做好了就可以获得奖励，比如每天自己穿好衣服，就能获得一面小红旗。这样很容易让宝宝把这个习惯坚持下来。

有些时候，宝宝虽然想做但是不会做，妈妈要当一个耐心的老师，自己示范让宝宝观察或者直接教宝宝该怎样做，宝宝学会之后也会很有成就感。

快乐上厕所 哈哈! 游戏关键词 ☑ 自理能力

游戏难度 ★★★★★

适宜时间： 宝宝2岁左右就可以有目的地开始训练了，持续下去，到2岁半或3岁时能自理就可以了。

培养目的： 上厕所对宝宝来说是难度比较大的自理问题，不同的宝宝可能面临不同的难题，通过上厕所游戏可以有针对地解决。

游戏准备： 在厕所里贴上宝宝喜欢的贴纸，准备一个穿裤子的娃娃。

① 在厕所里贴上很多贴纸，都是宝宝喜欢的，比如小熊、小鸭子、小狗等，然后领着宝宝看看，告诉宝宝："宝宝以后想便便的时候就到这里来，小熊、小鸭子、小狗会陪着你。"让宝宝喜欢上厕所的环境。

② 给宝宝一个穿裤子的娃娃，跟宝宝玩带娃娃上厕所的游戏，让宝宝给娃娃穿裤子和脱裤子，宝宝上厕所的时候让宝宝想想是怎样给娃娃穿脱裤子的，让宝宝掌握穿脱裤子的技巧。

③ 上完厕所后，让宝宝跟便便说"再见"，妈妈按下冲水键就可以了。

小贴士

训练宝宝自己上厕所的时候要给宝宝穿上普通的裤子，不要再穿纸尿裤或者开裆裤，否则宝宝会延续想尿就尿的习惯，实现自理上厕所就比较困难了。

袜子找朋友 哈哈!

游戏关键词 ☑ 自理、配对能力

游戏难度 ★★★★★

适宜时间： 2岁左右的宝宝就可以玩这个游戏了。

培养目的： 让宝宝学会给袜子配对。这不但训练了生活自理能力，还可以启发宝宝关于配对、分类等的数学能力。

游戏准备： 几双颜色各异的袜子。

❶ 把袜子放在宝宝面前，依照袜子的不同特点给它们取名，比如红色袜子叫小红花，条纹袜子叫小斑马，告诉宝宝每只袜子都有一个好朋友，好朋友和好朋友都长得一模一样。

❷ 妈妈从袜子中拿出1只来，问宝宝："小红花到妈妈手上了，它的朋友呢，快把它的朋友找出来。"并提醒宝宝："小红花的朋友跟小红花是一模一样的。"

❸ 宝宝没找对，妈妈就拿着两只袜子对比对比，然后模仿袜子的口气说："不对不对，我的好朋友是红色的，上面有黄色的小花，这只袜子不是我的好朋友。"

❹ 宝宝找对了也对比一下，对比颜色、图案，最后再模仿袜子的口气谢谢宝宝帮忙找到朋友。

小贴士

袜子可以换成鞋，开始时可以选一双在两只鞋左右方向对的情况下能组合成一个完整小动物图案的产品，帮助宝宝辨别左右。

洗手歌

游戏
关键词

☑ 自理能力
☑ 语言能力

游戏难度 ★★★★★

适宜时间： 每次给宝宝洗手的时候都可以玩，由妈妈带着洗发展到可以自己洗。

培养目的： 关于洗手的儿歌、比喻会让宝宝喜欢上洗手，会增强宝宝的自理能力。另外，这些比喻和儿歌可以增强宝宝的语言理解能力。

游戏准备： 不需要什么准备。

1 给宝宝洗手前，让宝宝看看自己的手，妈妈给宝宝指出手很脏的地方，并笑话宝宝："看看宝宝的手，就跟小猫爪似的，这么脏，快来洗洗小猫爪吧。"被比喻成小动物，宝宝很乐意。

2 边给宝宝唱儿歌，边给宝宝洗手，每一句儿歌配合一个动作："挽衣袖，伸出手。哗啦啦，洗一洗。小肥皂，起泡泡。搓手心，搓手背。手指缝，别忘了。大拇指，搓一搓。小拳头，泡一泡。小手腕，转一转。哗啦啦，冲一冲。捧起水，冲龙头。关上它，甩一甩。我的小手真干净。"儿歌结束了，手也洗完了。

3 洗完手，给宝宝一块小毛巾让宝宝自己擦手，可以接着开始的小动物比喻说："快擦擦小猫爪。"

小贴士

肥皂水入眼容易刺激眼球引起不适，要告诫宝宝手上有肥皂水的时候不能揉眼睛。

家务小帮手 哈哈!

游戏关键词
☑ 自理能力
☑ 配合

游戏难度
★★★★★

适宜时间: 2岁以上就可以带着宝宝做了。

培养目的: 满2岁以后的宝宝逐渐开始抢妈妈的活干,可乘机让宝宝帮忙做家务,既避免了宝宝捣乱,还能培养自理能力,并让宝宝学会配合、服从指挥。

游戏准备: 给宝宝准备做家务的小工具,比如小抹布等。

1 妈妈开始做家务的时候,用愉快的语气大张旗鼓地宣布:"妈妈要干活了,宝宝过来帮忙。"先扫地,吩咐宝宝去拿簸箕,等妈妈扫完了,就把垃圾扫到簸箕里,再指挥宝宝把垃圾倒到垃圾篓里,然后把簸箕放回原位。

2 扫完地了,妈妈假装思考的样子:"下一步该干什么呢?哦,应该擦擦灰。"给宝宝一块小抹布,擦每件家具的时候都分配给宝宝一个角让宝宝擦,擦完后妈妈检查一遍。

3 妈妈进厨房的时候也可以带着宝宝,教宝宝剥葱、剥蒜,并把葱、蒜皮放进垃圾篓。

4 宝宝帮妈妈做完家务后,妈妈要表扬宝宝所做的每一件事,并向宝宝表达希望宝宝能做得更好的期望。

小贴士

带宝宝做家务的时候要注意不能让宝宝接触那些有危险性的物品,比如天然气、灶具等。

宝宝肯定能干好

 游戏关键词

☑ 自理能力
☑ 主动意识

 游戏难度
★★★★★

适宜时间： 宝宝2岁以后就可以这样玩。

培养目的： 这是一句适宜2岁以上宝宝的父母常说的话，对宝宝有很好的正面鼓励作用，能让宝宝克服困难，主动去完成自己应该做的事。

游戏准备： 不需要什么准备。

1 宝宝对妈妈的指令听而不闻的时候，一句"宝宝肯定能干好"就能成功让宝宝听命令。比如宝宝把玩具撒了一地而不肯听从指令收拾的时候，妈妈就说："宝宝肯定会收拾的。看，宝宝马上就要收拾了。"可能用不着再说第二遍，宝宝就已经开始收拾了。

2 在宝宝做不到某事的时候，比如穿不上鞋的时候，妈妈说："慢慢来，重新再来一遍。宝宝肯定能穿好的。"宝宝就会安静下来继续穿了。

3 当宝宝在听了"宝宝肯定能干好"这样的话，完成了一件事后，妈妈不要忘了表扬宝宝："宝宝真的干好了，妈妈就说宝宝肯定能干好这件事的。以后还能干好，对不对？"

小·贴士

妈妈的鼓励给了宝宝足够的动力去完成一件事，但当能力所限的确完成不了的时候，妈妈一定要给予指导，否则宝宝会产生严重的挫败感。

早教指导：
培养宝宝的独立性

独立性强的孩子能主动做事，做事的目的性也很强，遇事善于思考，勇于克服困难，心理素质和个性都更完善，长大后能更好地适应社会。这种好品质需要从小开始培养。

首先，自理能力是独立的基础，在宝宝出现闹独立的现象的时候就应让他开始学习自理，比如宝宝非要自己吃饭、非要自己叠被子、非要自己从椅子上下来的时候就可以让宝宝自己做，同时教授一些技巧。

其次，给宝宝一定的自由，不过度保护，不包办代替。宝宝学习独立的初期什么都做不好，会把家里弄得一团糟，也可能被小朋友欺负，但不能因此就替宝宝出头或把宝宝保护起来，要知道宝宝就是在一次次错误和挫折中学习成长的。妈妈在这些时候除了教导些技巧，剩下的最好是放手让宝宝自己思考、自己解决。给宝宝自由，最主要的是给宝宝独立思考的自由，让宝宝有机会通过思考来解决问题，父母不要总是直接给答案或者代替宝宝做决定。

再次，让宝宝独立，不等于放任不管。在培养宝宝独立性的同时要让宝宝初步懂得是非观念和行为规范，让宝宝逐渐学会约束自己，否则宝宝会形成随心所欲、为所欲为、独断专行的习惯，个性也会变得执拗任性，这对宝宝融入集体是很不利的。不过在这个过程中要多用说理的方式，不要粗暴地采用强制手段，以免宝宝抵触。

最后说明一点，培养独立性是个渐变的过程，要一步一步来，不能一下子就让宝宝完全独立，以免宝宝压力过大，出现脾气暴躁、情绪不安的现象。

宝宝的天地

  哈哈！

✓ 动作协调性
✓ 独立空间

游戏难度 ★★★★★

适宜时间： 宝宝2岁左右都可以玩。

培养目的： 用玩具帐篷给宝宝隔出一个独立的、大人无法进去的、完全属于宝宝的空间，这对唤起宝宝的独立意识很有效。

游戏准备： 1个儿童玩具帐篷。

1 把帐篷放在房间的一角，不需要说什么，大多数宝宝就会不请自来地钻进去玩耍，但有的宝宝则比较迟疑，妈妈就要多鼓励宝宝，让宝宝进去体会一下独立的感觉。

2 告诉宝宝这个帐篷就是宝宝自己的世界，宝宝想怎么布置都行，想在里面待多久都行。然后启发宝宝带喜欢的、需要的东西比如毛毯、玩具等进去，让宝宝感觉这里就像是自己一个人的家。

3 宝宝在帐篷里玩的时间可能很长，如果要让宝宝出来干其他的事，妈妈可以敲敲帐篷上的门："宝宝在家吗？请你出来吃午饭吧。"

小贴士

妈妈要充分尊重宝宝在这个空间里的权利，如果想要动里面的东西，要提前问问宝宝，获得允许才能做。

妈妈有事 哈哈!

游戏关键词
- ✅ 人际交往
- ✅ 独立性

游戏难度 ★★★★★

适宜时间: 宝宝2岁左右如果还不能离开妈妈,就可以多做这种游戏。

培养目的: 让宝宝跟别人玩,妈妈去做妈妈的事,培养宝宝能够在一定时间段内脱离对妈妈的依赖的能力,增强独立性;跟别人愉快玩耍的过程对培养人际交往能力也有帮助。

游戏准备: 带宝宝外出玩耍或者请别人来自己家里玩。

1 有别人在场跟宝宝玩,而宝宝也投入进去了的时候,妈妈悄悄走开去干自己的事,直到宝宝发现妈妈不在要找妈妈的时候妈妈再出现。

2 把宝宝放在邻居家,跟宝宝说自己有事需要出去,让宝宝跟阿姨好好玩,并承诺一会就回来,设法让宝宝答应,然后自己走开。到了宝宝差不多承受不了的时候就回来接走宝宝。

3 当宝宝和妈妈重新聚在一起的时候,妈妈问问宝宝都做了什么,有没有交新朋友等,并表扬宝宝离开妈妈那么长时间都没有哭,已经长大了,让宝宝有成就感。

小贴士

妈妈离开宝宝后不要等到宝宝等不及了,哭闹不休才回来。那样做,宝宝会对妈妈的话失去信任,变得更加不愿意离开。

小狗怎么办

游戏关键词
☑ 独立思考能力
☑ 独立性

游戏难度
★★★★★

适宜时间： 宝宝2岁半左右就能想出很多办法了，可以玩这个游戏。

培养目的： 这个游戏让宝宝参与解决问题，既考验宝宝的独立思考能力，也让宝宝习惯于用思考解决问题，并学会设身处地地为他人着想。

游戏准备： 3只小狗玩偶。

1 把3只小狗玩偶放在一起，告诉宝宝它们是一家人。妈妈和宝宝玩一会关于小狗一家的游戏后，告诉宝宝小狗的妈妈和爸爸要外出去买东西，问问宝宝小狗该怎么办。

2 宝宝会给出一些办法，比如带着小狗一起去，妈妈告诉宝宝困难，可以说公交车不让带小狗；宝宝给出留小狗在家里的答案，妈妈告诉宝宝小狗会挨饿，引导宝宝说出给小狗准备点吃的，然后让宝宝安慰小狗，说爸爸妈妈很快就回来，让小狗耐心等待。

3 如果家里养了狗，全家需要外出的时候，也让宝宝想想小狗该怎么办。最后决定让邻居照顾一下，然后让宝宝带着小狗去请求邻居帮忙。

小贴士

宝宝不愿意离开妈妈的时候，就可以用小狗的事例说服宝宝，宝宝可能就愿意听了。

超市购物

哈哈！

游戏关键词
☑ 表达能力
☑ 独立性

游戏难度
★★★★★

适宜时间： 2岁半的宝宝就可以玩这个游戏了。

培养目的： 让宝宝通过游戏了解购物行为，学会交流，理解交换概念、金钱概念等，最主要的是加强宝宝独立处理一件事的能力。

游戏准备： 一些小件用品和小玩具、1个小篮子，另外备一些大小不一的纸片当纸币。

1 妈妈把玩具和小件用品排在茶几上，种类越丰富越好，假装这就是超市了。让宝宝把纸片装在衣袋里，告诉宝宝这是钱，待会买东西时要用钱。

2 让宝宝提着篮子来"超市"选购，妈妈问宝宝："顾客朋友，请问你想买些什么呀？"看宝宝怎么做，如果宝宝不知道买什么，再提醒："买吃的呢，还是买玩的，或者买用的？"拿起各种商品问问宝宝要不要。

3 宝宝选定商品以后，妈妈要给宝宝报出价格，跟宝宝要钱，看宝宝会不会把纸片给你；宝宝拿出纸片后，妈妈可以说正好，也可以给宝宝找些钱或者说钱不够让宝宝再补一些等。

小·贴士

妈妈出去购物的时候，也可以带着宝宝，让宝宝帮忙找货物、提一些轻便的货物等，把这个游戏真实化。

自我介绍 哈哈!

游戏关键词 ☑独立意识 ☑表现力

游戏难度 ★★★★★

适宜时间： 2岁半左右的宝宝基本可以做到。

培养目的： 让宝宝学会自我介绍，更能让宝宝深刻意识到自己是独立存在的，与众不同的，对独立性意识的培养是很重要的。

游戏准备： 1只八音盒玩具。

① 妈妈拿着八音盒，站在宝宝的对面，用朗诵的语调说："宝宝好，我要给宝宝做个自我介绍。我是八音盒，外表是黄色的，上面有1个跳舞的小熊，我会唱8支歌。"

② 八音盒自我介绍完后，轮到妈妈做自我介绍，妈妈就把自己的名字、长相特点、每天的工作和生活介绍一下，然后鼓励宝宝也做个自我介绍。

③ 让宝宝做自我介绍，八音盒和妈妈做听众，鼓励宝宝说出自己的姓名、年龄、喜欢吃什么、玩什么等简单内容。

④ 妈妈将宝宝的自我介绍重复一遍，然后记下来，问问宝宝还有没有需要完善的，以后每次玩自我介绍游戏的时候都可以加入更深入、更复杂的内容。

小贴士

当家里有客人的时候，可以让宝宝跟客人介绍一下自己，对培养独立性、克服羞涩心理有好处。

早教指导：
提高宝宝的表现力

　　有的宝宝动作灵活、表情生动，表演什么像什么，但有的宝宝就显得呆板，这是宝宝表现力不同造成的。表现力有部分是先天决定的，但更多依赖后天的锻炼和培养。

　　首先，让宝宝拥有表现的能力。如果宝宝一无所知，什么都不会，那么表现就无从谈起了。妈妈要多教宝宝些本领，并且让宝宝拥有一技之长，作为宝宝在其他人面前拥有自信的资本。在这个过程中，妈妈要善于发现宝宝的天赋和兴趣所在，比如宝宝喜欢画画，就多跟宝宝玩画画的游戏，从长处出发进行培养会事半功倍。

　　其次，让宝宝拥有表现的勇气。表现的勇气相对于表现能力似乎更应被重视些，很多宝宝不喜欢在别人面前表现，并不是没有表现能力，而是缺乏表现的勇气，什么都会，就是不表现。

　　如果你的宝宝有这样的问题，可以从以下方面培养宝宝：第一，根据宝宝的喜好给宝宝邀请些小朋友，让他们一起做宝宝喜欢的事，比如搭积木。在这种活动中，宝宝能十分自如地表现自己。第二，让宝宝跟小一点的宝宝玩，宝宝多了自我表现和体会成功的机会，会变得愿意表现自己。第三，让宝宝经常表演，背诵儿歌、唐诗，跳舞等都行。先表演给父母，以后逐渐扩大观众阵容，让宝宝逐渐克服恐惧，习惯表现。这样做的时间久了，次数多了，宝宝就可克服对表现的排斥了。

游戏关键词
☑ 表现力
☑ 想象力

游戏难度 ★★★★★

适宜时间： 宝宝2岁左右就能玩这个游戏。

培养目的： 手影化作各种形象出现在墙上，可以刺激宝宝的想象力，激励宝宝模仿这些形象，则可以提高宝宝的表现能力。

游戏准备： 学习几个小动物的手影。

1 晚上的时候关掉大灯，留下较聚光的灯打到墙上，妈妈和宝宝坐在灯前看墙上，让宝宝看看墙上出现了两个人的形象。妈妈和宝宝在灯前摆几个姿势，再看看影子的变化。

2 妈妈和宝宝坐下来，妈妈比划几个手影，让宝宝猜猜这些手影表现的是什么，猜对了换下一个，猜不对妈妈再多给些信息，假如是小动物就加上叫声。让宝宝也伸手做几个手影投在墙上，妈妈猜。

3 妈妈手把手地把那些表现小动物的手影都教给宝宝，时不时让宝宝表演一下，宝宝的手影会越做越像。

4 妈妈和宝宝一起做小动物的手影，表现小动物一起玩耍、打架、捉迷藏等场景，宝宝的表现力会越来越好。

小贴士

宝宝手指互相配合的能力还不是很好，开始的手影要简单些，可以比划心形、剪刀等一些简单图形。

187

有样学样 哈哈！

游戏关键词
☑ 表现力
☑ 创造力

游戏难度
★★★★★

适宜时间： 宝宝2岁以后就能玩。

培养目的： 模仿可以说是表现的起步，模仿得多了，表演得就像了，表现力会越来越好，而妈妈模仿宝宝则可以激发宝宝的创造力。

游戏准备： 找1面大镜子、商店里的橱窗，或准备一部有趣的动画片。

① 看到橱窗或大镜子，妈妈把宝宝拉过来并排站好，让宝宝先模仿妈妈，妈妈边做动作边说"摸摸你的鼻子"，就摸摸鼻子，让宝宝学。然后可以学青蛙跳、小狗扑人等动作。

② 轮到宝宝做动作，妈妈模仿。宝宝可能一时半会想不起什么动作，妈妈就看到宝宝做什么动作就模仿什么动作，直到宝宝意识到妈妈已经在模仿自己了，宝宝就会起劲地做动作了。

③ 宝宝现在很喜欢看动画片，动画片里有的角色动作、表情很夸张。跟宝宝一起看动画片，妈妈可以边看边模仿动画角色，宝宝很快也会学妈妈的样子模仿了，而且会越来越像。

小贴士

看熟了的动画片，妈妈可以跟宝宝扮演其中的角色，然后分角色表演各片段，渐渐地宝宝的表演会越来越惟妙惟肖。

一起唱首歌

哈哈!

游戏关键词
☑ 勇敢性格
☑ 表现力

游戏难度
★★★★★

适宜时间： 2岁以上的宝宝可以唱某首歌的片段，妈妈带着就可以唱完了。

培养目的： 唱歌是重要的表现自己的方式，鼓励宝宝在众人面前唱歌，可以提升宝宝的表现力并让宝宝敢于表现。

游戏准备： 教会宝宝唱一首歌。

❶ 妈妈教宝宝唱歌，最好配合动作。比如唱《小星星》这首歌，唱第一句"一闪一闪亮晶晶"时，大拇指和其余四指相对并做开合状表现"一闪一闪"的样子，唱到第二句"满天都是小星星"时，就头向上仰，挥动手臂从头顶划过。

❷ 宝宝能跟着妈妈唱了，就让宝宝站在妈妈和爸爸的对面，妈妈和爸爸跟着宝宝一起做动作一起唱，让宝宝更加熟悉这首歌。等唱完了，让宝宝跟大家鞠个躬，说声"谢谢大家"。

❸ 等宝宝能够自己完整地唱这首歌了，可以给歌曲加些表现内容，让宝宝模仿小鸟、小鱼、小兔子等进行演唱。让宝宝既表现出歌词内容也表现出小动物的情态。

小·贴士

妈妈可以给宝宝表演一下自己不高兴的时候和高兴时唱歌的不同情境，让宝宝理解唱歌对表达情绪的作用。

猫与老鼠 哈哈!

游戏关键词 ☑ 表现力 ☑ 想象力

游戏难度 ★★★★★

适宜时间： 2岁半的宝宝可以玩这个游戏。

培养目的： 不仅要表现出猫与老鼠的形象，还要表现出追逐和捕猎的情景。这既考验表现力也考验想象力。

游戏准备： 一些方便拿取的玩具。

① 妈妈跟宝宝讲好，宝宝是小老鼠，让宝宝表现下小老鼠的模样，妈妈是小猫，妈妈也扮下小猫，然后规定一间房作为小老鼠的窝，小老鼠要从窝里出来拿走客厅的玩具，不能让猫抓住。

② 放个玩具在"小老鼠"的"窝"附近，"小猫"在窝外诱惑："啊，这里放这么漂亮的玩具啊，没人要我就拿走了。"宝宝没出来要再次鼓励。

③ 当宝宝"鼠头鼠脑"地出来拿玩具了，妈妈就用小猫的动作迅速爬向宝宝，假装要抓住宝宝。

④ "小猫"没有抓住"小老鼠"，就再放个玩具离"小老鼠"的"窝"稍远一点，让宝宝跑的路程远一些，直到妈妈抓住宝宝。

小·贴士

妈妈要多教宝宝几个表现小老鼠特征的动作，可以把双手放在下巴下，掌心向内，大拇指紧贴，其余手指指向地面表示小老鼠的前爪，可以把双脚踮起来走路表示小老鼠谨慎的样子。

早教指导：
培养耐心

　　我们平时对一个人有无耐心似乎并不重视，然而事实上耐心对一个人学习、工作、为人、处事等都非常重要。缺乏耐心的人很难坚持不懈地做完一件事，也就很难获得应得的聪明才智。柏拉图就说过，耐心是一切聪明才智的基础。

　　脾气暴躁、意志薄弱、注意力低下都是没有耐心的表现。如果宝宝表现出了这样的特质，父母就要耐心纠正了，平时也要注意培养。

　　首先，父母要做有耐心的人，碰上塞车、排队的时候，不要发怒也不要抱怨，如果你在这时候表现不当，宝宝会全盘照学。

　　其次，让宝宝养成良好的生活习惯，每天都过规律的生活。一项一项地安排生活，定时起床、定时吃饭、定时运动、定时睡觉，这种秩序井然的氛围让宝宝能够预知到接下来还有多长时间就要做某事了，也知道自己最想做的事一定会到来，从而耐心完成必须完成的事。这样宝宝的耐心很容易养成。

　　再次，适当训练宝宝，无论做什么都给宝宝适当设置点障碍，让宝宝不那么容易达成目的，从而学会耐心应对，比如宝宝提出要看动画片、要吃水果、要听故事等，妈妈都可以告诉宝宝过5分钟或者等做完某件事就满足宝宝，让宝宝乖乖等一等。宝宝玩游戏的时候不要总是玩特别熟练的，难度要逐渐增加，让宝宝不能那么轻易就结束游戏，慢慢地耐心就培养出来了。

　　最后，如果宝宝正在专心致志地做一件事，父母不要随意打断宝宝的活动，以免养成注意力低下、半途而废的习惯。

看云卷云舒

哈哈!

适宜时间： 天气温暖、天上有云的时候就可以玩这个游戏。

培养目的： 让活泼的宝宝乖乖躺下来看云，本身就是很考验耐心的一件事。时不时做一做对锻炼耐心是很有效的，而游戏中把云想象成各种物品可以开发想象力。

游戏准备： 1张野餐垫。

1 妈妈带着宝宝到草地上，把野餐垫铺好，让宝宝跟自己一起躺在野餐垫上，提醒宝宝看天上有好多云。

2 指点一朵云让宝宝看，并让宝宝想想像什么。宝宝可能会给出一个你完全想象不到的答案，妈妈不要否定，可以让宝宝解释解释为什么像、哪里像。

3 告诉宝宝："云会变哦，宝宝盯着看，一会儿会变成另外一种东西。"引起宝宝的注意，让宝宝的注意力维持久一点。当宝宝发现云真的变了，就会有耐心等待再次的变化。

4 看完云之后再让宝宝回忆一下刚刚都看到了什么，让宝宝更长时间地沉浸在看云的乐趣中。

小·贴士

宝宝皮肤娇嫩，在草地上玩耍的时候最好穿上长袖上衣和长裤，避免被蚊虫叮咬。

宝宝成长图

哈哈！

游戏关键词
✅ 规律概念
✅ 耐心

游戏难度
★★★★★

适宜时间： 2岁左右的宝宝配合度就很高了，可以玩这个游戏。

培养目的： 过一段时间，妈妈就把宝宝的身高、外形轮廓画1次，让宝宝对比看到自己的成长，同时明白变化是慢慢发生的，不能一蹴而就，理解很多事都需要耐心。

游戏准备： 比较大的纸和1支笔。

❶ 告诉宝宝"妈妈给你做个成长图"，然后将大张纸铺在地板上，让宝宝躺在纸张上面，手脚都放平，腿部伸直。妈妈拿着笔沿着宝宝的外轮廓画一圈，画好之后剪下来。

❷ 剪下来的成长图贴在墙上，脚部的位置紧贴地板，然后量出从头到脚的距离，把这个数值标在纸上。过一段时间再画一个，贴在旁边，做个对比，看看宝宝长大了多少。

❸ 宝宝的脚和手的变化比较快，可以单独将手和脚也做个成长图贴在墙上一起作对比，身高长的同时，手和脚也在长。

❹ 问问宝宝想不想长到妈妈那么高大，并且告诉宝宝长大需要耐心，妈妈也是长了好多年才长这么大的，这是规律，每个人都是这样。

小·贴士

不想那么麻烦的话，可以直接在墙上画上宝宝的身高，对比身高线即可。

排长龙、搭高楼

游戏关键词
☑ 动手能力
☑ 耐心

游戏难度
★★★★★

适宜时间： 2岁半的宝宝就可以玩了。

培养目的： 排长龙越长越好，搭高楼越高越好。这就要求宝宝耐心、持续地做同一件事，耐心就在这样的游戏中锻炼出来了。

游戏准备： 积木或者形状不一的瓶子。

❶ 把积木给宝宝，让宝宝给妈妈排一条长龙出来，要求宝宝排得越长越好。这次要求排满茶几，下次可以要求从卧室排到客厅。

❷ 宝宝排完之后，妈妈用尺子量一量排了多长，然后记录在一张表格上，让宝宝看看，问问宝宝下次是不是能排得更长更好。

❸ 等宝宝能够把所有积木都排进长龙之后，就可以要求宝宝将积木都摞起来，最高摞了几块也记录下来，每次对比一下，看看进步。

❹ 当宝宝用积木排长龙或者搭高楼已经很好了，就给宝宝一些大小、形状不一的瓶子，要求宝宝把这些瓶子也像玩积木一样玩，看宝宝怎样解决排列和堆高中遇到的困难，鼓励宝宝坚持。

小贴士

在妈妈不能马上答应宝宝的要求时，妈妈可以让宝宝去排长龙，告诉宝宝等长龙排完了，宝宝的要求就可以达到了，让这个游戏的功能进一步发挥。

讲个关于耐心·的故事

- ☑ 语言能力
- ☑ 耐心

游戏难度 ★★★★★

适宜时间： 2岁半左右的宝宝就基本可以理解这个故事，可以试着讲给宝宝听。

培养目的： 讲故事远比说教的教育效果更大，能让宝宝每次没耐心的时候想起这个故事，这对宝宝是一种鞭策。

游戏准备： 《耐心等一等》的故事。

宝宝坐到沙发上，安静等妈妈5分钟……

1 宝宝捣蛋时，妈妈告诉宝宝："宝宝坐到沙发上，安静等妈妈5分钟，妈妈就给你讲个故事。"

三个小伙伴一起种了太阳花的种子……

2 故事是这样的："三个小伙伴一起种了太阳花的种子，比赛看谁的花先长出来，而且长得最大最漂亮。其中有个叫布奇的小朋友就没有耐心，老是觉得花儿长得慢，不时地扒开花盆里的土看看，吓着了小苗。后来小苗长出来了，他又觉得小苗长得慢，竟然用手去拔苗助长，还给小花苗喝了太多的水，结果后来别的小朋友的花都长出来开得很漂亮了，只有布奇的花没有开。"

其中有个叫布奇的小朋友就没有耐心，老是觉得花儿长得慢……

宝宝很有耐心……

3 故事讲完了，妈妈问问宝宝为什么布奇的花没有开，告诉宝宝是因为布奇太没有耐心了。然后，再夸奖宝宝很有耐心，能乖乖等妈妈5分钟，以后也一定能种出漂亮的太阳花。

小·贴士

让宝宝等就必须要等，如果宝宝不能等，妈妈就要拒绝讲，若想听，必须再等5分钟。

沙漏计时

哈哈！

游戏关键词 ☑ 注意力 ☑ 耐心

游戏难度 ★★★★★

适宜时间： 对没有耐心的宝宝，2岁半左右就可以开始训练。

培养目的： 规定必须完成一件事才能做另一件事。这样的游戏，对没有耐心、无法投入一件事中的宝宝是很好的考验和锻炼。

游戏准备： 1个沙漏。

1 妈妈拿着沙漏给宝宝看，告诉宝宝沙漏中的沙子从一边流到另一边需要3分钟时间，演示给宝宝看。

2 宝宝想要妈妈手中的沙漏时，妈妈要拒绝，提出条件："想要沙漏，必须先听完妈妈的故事，并且回答好故事后的问题才能给。"

3 妈妈开始讲故事。宝宝不能集中注意力、总是去看沙漏而不注意听故事的时候，妈妈要提醒宝宝，并再次告诉宝宝不仔细听故事，回答不上问题是不能玩沙漏的。

4 讲到3分钟了，沙漏中的沙子漏光了，就停止讲故事并提问题，如果宝宝答对了，就夸奖宝宝坚持了3分钟，真有耐心。

小贴士

随着宝宝注意力和耐心的提高，宝宝对故事的关注度会远高于沙漏，但讲到3分钟也最好停止，诱发宝宝的探索欲，对耐心和注意力的提高更有效。

早教指导：
体会团队合作精神

　　团队合作看似是大人的事，跟宝宝没什么关系，但实际上团队合作精神包括了很多内容，比如体谅他人，懂得沟通，有决断力，擅长自省，能受挫折，肯负责任等，所以也应该从小培养起。拥有这种精神的人有足够的魅力吸引别人帮助他完成工作，也有足够的意识和能力帮助别人完成工作，对团队来说是一个有价值的人、受欢迎的人。

　　此阶段，主要是让宝宝体会什么是团队精神。这种体会肯定是从家庭开始的，父母和宝宝组成了最初的团队，团队精神在宝宝最初与父母的相处中获得。

　　首先，父母要给宝宝足够的关注，让宝宝体会在团队中受人重视和爱护的感觉，比如饿了有吃的，哭了有人安慰，宝宝体会到团队的美好，以后就会愿意待在团队中。

　　其次，让宝宝在与父母组成的这个团队中，体会到其他一切与团队精神有关的品质，这要求父母做事的时候讲究方法，比如让宝宝参与家庭事务，让宝宝担起一部分家庭责任，充分尊重宝宝的意见，如果父母与宝宝有矛盾，讲道理说明白，大家意见相左没办法一致的时候通过举手表决或者猜拳的方式决定，无论谁犯了错，都要接受批评并且做自我批评等。

　　如果宝宝成为了一个合格的家庭成员，那么在将来的任何一个团队中，宝宝都会是一个非常受欢迎、很有魅力的成员。

拔河比赛

哈哈!

游戏关键词 ☑ 团队合作 ☑ 大动作

游戏难度 ★★★★★

适宜时间： 宝宝2岁半左右可以玩。

培养目的： 拔河是双方对抗的游戏，可以培养宝宝团队合作的意识。另外，拔河对宝宝的肌肉力量也有训练作用。

游戏准备： 1根长绳子。

❶ 妈妈把绳子拿来，跟宝宝和爸爸宣布："我们进行一场拔河比赛吧。"然后通过手心手背的方式分组。

❷ 比赛开始后，两人一组的战胜单人一组的，然后再次分组重新比赛，每次都两人一组战胜单人一组，让宝宝明白人多力量大的道理，体会团队协作的重要性。

❸ 当宝宝和妈妈一组的时候，妈妈假装自己很累，跟宝宝说："妈妈很累，妈妈稍微偷点懒，宝宝要加油啊。"然后自己不出力，让爸爸赢了比赛，让宝宝明白团队中有人偷懒的害处。

❹ 妈妈和宝宝一组的时候，妈妈故意往和宝宝用力方向不一致的方向用力，让爸爸说："一组中的两个人要向一个方向出力，力气才会大啊。"

小贴士

宝宝如果被分成了单人一组，大多不愿意。这时候不能让宝宝耍赖重新分，你可以告诉宝宝不遵守规定就不玩了，宝宝也就乖乖执行了。

小小·运输员

游戏关键词 ☑分工合作 ☑大动作

游戏难度 ★★★★★

适宜时间： 宝宝2岁左右都可以玩。

培养目的： 让宝宝分担游戏中的部分工作，让宝宝理解分工合作的重要性。在这个游戏中，宝宝担当运送的任务，对大动作锻炼很有效。

游戏准备： 1套玩沙子的工具，包括小桶、小铲子等。

1 妈妈跟宝宝找到有沙子的地方，妈妈到远离沙堆的某个地方，跟宝宝说要用沙子盖房子，妈妈所在的地方就是工地。两个人需要分工，由妈妈来盖房子，宝宝去运材料，妈妈需要什么材料，宝宝必须去找到什么材料并运过来，这样才能顺利把房子盖起来。

2 问问宝宝怎么样才能把沙子运过来，当然是要用小桶和小铲子去装。妈妈就在原地等，让宝宝去运沙子。

3 在游戏中加些变化，比如跟宝宝说宝宝跟不上妈妈的进度了，要求宝宝快一点或者要求每次多运点。

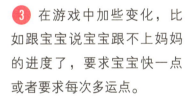

4 沙子太干不好用了，让宝宝去找点水。房子盖好后，让宝宝去周围找些树叶、草叶等装点房子周围。

 小·贴士

玩沙的时候注意选择微风或无风的天气，也要告诫宝宝不要扬沙，以免沙土进入眼睛。

199

游戏育儿百科

家庭会议

哈哈!

游戏关键词

☑ 团队精神
☑ 责任感

游戏难度 ★★★★★

适宜时间: 2岁半的宝宝可以参加家庭会议了。

培养目的: 让宝宝参加家庭会议,参与决定家庭事务,感受到家人对自己的尊重,从而让宝宝喜欢上团队生活。

游戏准备: 不需要什么准备。

❶ 召集全家人到客厅,让宝宝与其他人都坐好,妈妈说明会议主题:"明天是星期六,我们要出去玩,但是去哪玩呢,我们要开个会来决定。"

❷ 每个人说出自己想游玩的地方,宝宝也要参与,妈妈综合所有人的意见,宣布:"建议很多,没法都去,只能选择一个。我们通过举手表决的方式来决定。同意吗?"大家说同意以后,就进行举手表决。

❸ 游玩方案决定后,全家就出行的交通工具、需携带的东西等进行讨论,当然也要听宝宝的意见和建议。然后,包括宝宝在内,每个人都负责一部分准备工作,谁出了问题由谁负责解决。

小贴士

如果宝宝耍赖不服从决定,妈妈一定不能让步,让宝宝明白更多团队精神包含的内容。

小兔子上船

 哈哈!

游戏
关键词 ☑ 合作精神
☑ 责任感

游戏难度 ★★★★★

适宜时间： 宝宝2岁半左右就可以尝试着玩了。

培养目的： 这个游戏中，两人齐心协力才能帮助小兔子安全过河，可以让宝宝体会到合作精神的重要性，还可以增强宝宝的责任感。

游戏准备： 几个空易拉罐和1个小兔子玩具，地上放1个沙发垫代表船。

❶ 把易拉罐和小兔子玩具一起放在宝宝面前，妈妈跟宝宝说明情况：小兔子受伤了，妈妈和宝宝要一起抬着小兔子把它放到船上去。抬小兔子的工具就是易拉罐，需要将这些易拉罐一个顶着一个连起来才能把小兔子抬起来。

❷ 把小兔子拴到某只易拉罐上，妈妈拿一个易拉罐顶在这只易拉罐的一头，另一头让宝宝拿一个易拉罐顶住，然后两个人共同努力，保持易拉罐处在连接状态的同时站起来，并将中间的易拉罐和小兔子带起来。

❸ 妈妈和宝宝向沙发垫所在的地方挪动，把小兔子运到沙发垫上方后，两个人都慢慢蹲下，将中间的易拉罐放到沙发垫上，游戏就算完成。如果中途小兔子掉下来了，要重新开始游戏。

小贴士

随着游戏越来越熟练，易拉罐的数量可以逐渐增加。

轨道乒乓球

哈哈!

游戏关键词
☑ 动作协调性
☑ 协作

游戏难度
★★★★★

适宜时间： 2岁半的宝宝可以尝试玩。

培养目的： 所有人共同努力，把每个人的动作衔接起来，游戏持续的时间才能足够长，可以让宝宝体会到协作的重要性。

游戏准备： 1个乒乓球，几张报纸对折做轨道。

我们一起努力让乒乓球动起来。

抬高报纸，别让乒乓球掉下去。

❶ 妈妈和宝宝并排而坐，各拿一张对折的报纸，把两张报纸对准折痕连接起来，让轨道延长。

❷ 把乒乓球放在轨道上，跟宝宝说："我们一起让乒乓球动起来，但是不能让乒乓球掉下去啊。"

❸ 妈妈抬高自己一侧的报纸，让乒乓球滚向宝宝，但保持两张报纸折痕始终连接在一起的状态，同时提醒宝宝："抬高报纸，别让乒乓球掉下去。""别跟妈妈的报纸分开。"让宝宝学会不让乒乓球掉下去的技巧。

我们一起站起来，把乒乓球运到门口去。

❹ 妈妈提出要求："我们一起站起来，把乒乓球运到门口去。"然后小心地站起来，双方都努力不让乒乓球掉下来，运到目的地之后，与宝宝击掌欢呼成功。

小贴士

这个游戏参加人越多越需要共同协作，可以让爸爸、爷爷、奶奶等一起参与进来。

早教指导：
本阶段的大动作和
精细动作锻炼

在这个阶段，宝宝已经完全像个小大人了，很多事都能做得很好。

在大动作方面，宝宝能够自己双脚交替迈出上下楼梯，不用人扶，也不用扶栏杆，徒手即可完成；宝宝能够随心所欲地完成双脚起跳的动作，经常会从最后一级台阶上跳下；宝宝有了单脚支撑、另一脚做动作的能力，比如能单脚跳出1～2步，而且能单脚把球踢出去；另外宝宝手臂肌肉的灵活性和力量都有长进，能够把球扔出1米远；宝宝的平衡性也很好了，能够独自走平衡木。

但是在精细动作方面，动作比较笨拙，虽然宝宝现在能脱下简单的衣服，衣服上的扣子和拉链都能解开，不过穿衣服还不是很顺利，不是拉不上拉链，就是扣错了扣眼，常常闹笑话；鞋袜也能熟练脱下，简单的鞋子可以自己穿上，只是分不清左右；另外，此时的宝宝能够用正确的姿势握笔画横线和竖线，还能把积木搭高8层而不倒塌。

此后，宝宝动作发展的重点就是全身各种动作的协调性了。这种协调性会使宝宝跳、跑、攀、爬、投掷等运动机能及身体控制能力得到逐步提高。

倒来倒去

哈哈！

游戏关键词

☑ 精细动作
☑ 独立性

游戏难度
★★★★★

适宜时间： 2岁以上的宝宝可以玩。

培养目的： 宝宝喜欢玩水，给宝宝在杯子里装些水来回倒着玩，宝宝一定会乐此不疲，可锻炼精细动作。这个游戏大人无法参与，还可以培养独立性。

游戏准备： 2个杯子，在其中1个里装1/3杯的水，水里放上1个小金鱼玩具。

让小金鱼到这个杯子里玩会吧。

小金鱼又想回到那个杯子里了。

❶ 把杯子放到宝宝面前，指着空杯子跟宝宝说："让小金鱼到这个杯子里玩会吧。"看宝宝怎么做，如果宝宝只是抓着金鱼放到另一个杯子里，妈妈要提醒宝宝小金鱼必须有水才舒服，启发宝宝把水倒进这个杯子。

❷ 过一会妈妈再说："小金鱼又想回到那个杯子里了。"但妈妈不干涉宝宝移动金鱼的方法，让宝宝自己继续玩，玩着玩着宝宝就会发现能直接把水和金鱼一起倒到另一个杯子里。这个发现让他很兴奋。

❸ 宝宝每次都会洒点水出去，过一会水杯里的水会减少，甚至淹不住金鱼了，妈妈再给宝宝加点水，并告诉宝宝尽量少洒水，不然金鱼会难受，提高动作精确度要求。

小·贴士

随着游戏熟练程度增加，水杯里的水可以逐渐增加，直到满满一杯。这样更考验宝宝的动作精确性。

手掌、手指、脚掌与涂鸦

游戏关键词

✓ 身体协调性
✓ 创造力

游戏难度 ★★★★★

适宜时间： 宝宝2岁以后就可以玩。

培养目的： 让宝宝用手掌、脚掌和手指在沙子上作画，比用笔画更有趣，也更富有创造性。另外，这些动作可以促进宝宝全身运动的协调性。

游戏准备： 带宝宝到有沙子的地方去就可以。

① 妈妈先蹲下来，用手指在沙地上画个形象，让宝宝体会到沙子上也可以作画，宝宝就会跟着妈妈一起划拉了。

② 教宝宝几个经典的手掌涂鸦，比如用手托在沙地上按三下，按出米老鼠的脸和耳朵，然后用手指画出它的鼻子、眼睛和嘴巴，完成一幅肖像图。宝宝感到惊奇时，就可以问问宝宝想不想学，然后教宝宝画几个了。

③ 脚掌可以在沙子上划线，比如画各种形状，三角形、四方形、圆形等。

小贴士

　　在没有危险的地方不妨让宝宝多光脚玩玩，可提高身体敏感性。但是一定不要在装修工地上的沙堆上玩，以免被里面的玻璃渣子、小石子伤到脚。

光影游戏

 哈哈!

 游戏关键词

☑ 身体协调性
☑ 好奇心

游戏难度 ⭐⭐⭐⭐⭐

适宜时间： 2岁以上的宝宝都可以玩。

培养目的： 让宝宝追着光影跑，能提高宝宝身体的协调性和灵活性，另外影子的出现、消失可以激发宝宝极大的好奇心，有助于增强求知、探索欲望。

游戏准备： 1面小镜子。

1 阳光明媚的时候，地上的影子特别清晰，妈妈就可以提醒宝宝去看地上两个人的影子。

2 妈妈先用脚去踩宝宝的影子，逗引宝宝来踩妈妈的影子，然后妈妈向前后左右移动身体，让宝宝跟着影子跑。

3 妈妈跑到有阴影的地方，宝宝就找不到影子了，问问宝宝影子哪去了，然后再跑回阳光下，影子又出现了。可以告诉宝宝影子是因为太阳照射才出现的，躲到看不见太阳的地方影子就没有了。

4 妈妈手拿小镜子，将阳光反射到阴暗的地方，让宝宝看镜子反射出的光斑。妈妈晃动镜子，让宝宝去追逐光斑，追到的时候让宝宝看光斑已经转移到宝宝身上了，这会让宝宝感觉很奇怪。妈妈可以给宝宝讲讲镜子、阳光和光斑的关系。

小·贴士

镜子反射出的强光不要对着宝宝的眼睛，也不要晃得太快，避免伤害视力。

迷你保龄球 哈哈！

游戏关键词
☑ 动作协调性
☑ 理解规则

游戏难度 ★★★★★

适宜时间： 宝宝不到2岁半的时候就可以玩了。

培养目的： 这个游戏模仿真实的保龄球比赛，用球击打球瓶需要动作精准，很锻炼宝宝全身动作的协调性。比赛可以让宝宝了解规则并了解计数。

游戏准备： 1套保龄球玩具，也可以用塑料瓶、硬纸筒代替球瓶，用皮球或团起来的袜子做球。

❶ 爸爸在地上画一道线，线前1米处摆放好球瓶，让妈妈和宝宝站在线后听比赛规则："两人轮流投球，打倒1个球瓶计1分，一次性打倒全部球瓶可再投1次。"

❷ 爸爸宣布："第一局，妈妈投球。"妈妈投出球后，爸爸就高声点数倒下的球瓶数，然后高声宣布得分，计入记分牌上。然后爸爸将球瓶摆好，轮到宝宝投球。

❸ 几轮比赛以后，爸爸把双方的分数公布，宣布赢家和输家，给赢家胸前贴1朵小红花，给输家一些鼓励。

小贴士

如果宝宝在分数没有妈妈高的时候要求连续多打一次或几次，妈妈都要拒绝，告诉宝宝必须按照规则来。

补充与延伸

哈哈!

游戏关键词
- ☑ 精细动作
- ☑ 想象力

游戏难度 ★★★★★

适宜时间： 宝宝2岁半左右可以和妈妈一起玩。

培养目的： 将不完整的形象给宝宝，让宝宝补充完整，首先考验的是宝宝的想象力和观察力，真正动手补充的时候就很锻炼精细动作了。

游戏准备： 画一些不完整的形象或者从海报上撕下一部分，再给宝宝准备一些颜料。

1 妈妈画一匹马，只画前腿以外的部分，拿给宝宝看，问问宝宝这匹马缺了什么，缺了这部分，马会遇到什么麻烦，引导宝宝说出缺了腿就不能走了，然后鼓励宝宝用手蘸颜料画上缺少的部分，把马补充完整。

2 把超市海报里的形象比如杯子撕掉底下的一半，再让宝宝看看少了什么，少了这部分会发生什么事，鼓励宝宝把杯子画完整。宝宝会发现没地方来画，就在海报下垫张白纸，等宝宝补充完整了，将两张纸粘贴在一起。

3 形象完整的图画也可以给宝宝看看还能加点什么，给形象做个延伸，比如在人脸和小动物脸上加眼镜，让人的手里牵条小狗等，让宝宝充分发挥想象力。

小·贴士

宝宝的画功还不好，妈妈要适当帮助一下。

小手变变变 哈哈！

游戏关键词
☑ 手指灵活性
☑ 创造力

游戏难度
★★★★★

适宜时间： 宝宝2岁半就可以玩了。

培养目的： 用手指做造型，需要一定的想象力和创造力，另外还需要手指具有一定的灵活性和协调性。该游戏可提高精细动作能力。

游戏准备： 不需要什么准备。

小手小手藏起来，
小手小手变变变。

❶ 妈妈把手藏到背后说："小手小手藏起来，小手小手变变变。"手指做个造型，然后伸出来，放到宝宝面前，让宝宝看看像什么。

❷ 手指造型有很多种，比如大拇指与食指成90°角，其余三指屈起，横着看是"八"字，竖着看是枪；一只手掌伸直，另一只手掌与这只手掌掌心相对握住它，两手大拇指伸直，就好似小狗的头；双掌平放，两大拇指外侧紧紧相贴，就是小鸟；十只手指两两指腹相对，拇指和食指之间呈45°角，就形成一个三角等等，都可以一个一个做给宝宝看。

❸ 等宝宝看过所有造型之后，要求宝宝和妈妈一起把手藏起来，做好造型再伸出来，比比谁的更像。宝宝做了妈妈没做过的，就要求宝宝解释一下做的是什么。

小·贴士

宝宝的手指不那么灵活，有的时候想做的动作做不出来，妈妈要帮忙摆弄一下。

第七章

30~36个月
的游戏

早教指导：
让宝宝有感恩心

感恩心就是对别人为自己所做的付出心存感激，这种心态的存在能让一个人不但在顺境中心存感激和幸福，更重要的是能让其即使遇到逆境仍然心存希望和快乐，仍然能用爱己之心去爱人。培养宝宝的感恩心也要从小做起。

首先，让宝宝知恩识恩。在这一点上，父母要做到言传身教，感激父母、感激朋友、感谢社会等，时时事事熏陶，让宝宝体会到什么是恩。

其次，让宝宝切身体会恩德和伤害，多做正方向的教育，比如让宝宝帮父母做些父母常帮宝宝做的事，体会父母的不容易。也可以反方向教育，让宝宝体会别人受伤害时的悲伤感觉，让宝宝学会用更正确的方法对人对事。

最后，让宝宝学会感谢。当宝宝得到别人的帮助时，启发宝宝表达感谢，同时启发宝宝去帮助别人。比如曾经有人给你们让过座，那么在下次坐车的时候就可以启发宝宝给别人让个座。

不过，培养感恩心要注意不能做以下三件事：

1.不要一厢情愿地付出，宝宝不喜欢，你做得越多，越得不到回报。

2.对宝宝的关怀不要无微不至，这种关怀让宝宝没有机会体会"有"与"没有"的区别，从而对得到的恩惠视而不见，也就不会心存感激了。

3.不要打击宝宝感恩的行为，当宝宝给父母端来了一杯水，不要责备宝宝烫伤手或者弄脏地板，坦然接受宝宝的好意并给予感谢才是正确的。

妈妈下班了

游戏
关键词 ☑ 亲子关系 ☑ 感恩心

游戏难度 ★★★★

适宜时间： 宝宝2岁半的时候就可以开始锻炼他。

培养目的： 让宝宝体会妈妈一天工作的劳累，由此激励宝宝用自己的力量减轻妈妈的负担。

游戏准备： 拖鞋、水杯、背包等。

1 模仿每天妈妈下班回家后的情景来玩游戏，先让宝宝当妈妈，背着妈妈的包从门外进来说："我下班了。"

2 妈妈对宝宝说："妈妈下班了，陪我玩吧。"宝宝这时候往往会说"好"，妈妈要启发宝宝工作一天了，肯定很累，回家要先休息一下才能陪宝宝玩。然后妈妈给宝宝倒水、拿拖鞋等，并跟宝宝道辛苦。

3 妈妈和宝宝的身份调换一下，妈妈还是妈妈，宝宝还是宝宝，妈妈背着包进到屋里，表现出很疲累的样子说："我下班了。"看宝宝怎么表现。

4 宝宝给妈妈倒水、拿拖鞋之后，妈妈要表示感谢，另外还可以跟宝宝说自己哪里不舒服，请宝宝帮忙按摩一下。

小贴士

　　妈妈辛苦工作，很大一部分是为了宝宝有更好的生活条件，但是不要把这种话挂在嘴边，以免增加宝宝的压力，让宝宝反感。

游戏育儿百科

好东西，分一点

游戏关键词
✅ 感恩心
✅ 分享

游戏难度
★★★★☆

适宜时间： 宝宝2岁半左右时，完全可以要求宝宝分享。

培养目的： 让宝宝体会到别人也都喜欢好东西，但都会分给他，所以宝宝有好东西也要分给别人一些，懂得分享和感恩。

游戏准备： 不需要什么准备。

① 当宝宝有了好吃的东西，妈妈装作很馋的样子，跟宝宝说："好香啊，妈妈也很想吃，给妈妈吃口好吗？"

② 如果宝宝拒绝，妈妈可以让宝宝想想是不是每次妈妈有好吃的都给宝宝吃，宝宝有好东西也应该给妈妈吃点，让宝宝体会到付出与获得应该平衡。然后让宝宝也给爷爷、奶奶等家庭成员吃一些。

③ 妈妈和宝宝有了好东西吃，而爸爸、奶奶等不在家，妈妈要提醒宝宝给他们留一点，当他们回来后，让宝宝亲自交给他们，大人为此要感谢宝宝。

④ 外出时宝宝的食物往往会把其他小朋友吸引过来，妈妈也可以引导宝宝分一些出去，让宝宝想想别人也曾分享好东西给自己，现在是自己回报的时候。

小·贴士

　　小宝宝有时候会主动给妈妈喂食物，即使妈妈不想吃也要吃一口并感谢宝宝，让这种行为变成习惯。

214

我的生日 哈哈！

游戏关键词
☑ 感恩心
☑ 分享

游戏难度
★★☆☆☆

适宜时间： 宝宝过生日的时候就可以玩。

培养目的： 过生日的时候给宝宝讲讲宝宝是怎么来的，怎么长大的，让宝宝明白全家人为宝宝的付出，并懂得通过分享来表达感谢。

游戏准备： 不需要什么准备。

1 在宝宝生日的时候，一大早，家里人都要跟宝宝说："生日快乐。"让宝宝感受到生日的气氛。

4 到切蛋糕的时候，告诉宝宝蛋糕是用来感谢那些曾对自己做过付出的人的，提醒宝宝蛋糕都应该分给谁，让宝宝依次分给奶奶、爸爸、妈妈等人，然后才到自己。

2 全家人带宝宝回忆一下宝宝出生和前两次过生日的情景，爸爸回忆妈妈如何十月怀胎，一朝临盆的景象，妈妈可以回忆出生时的情景，爸爸和奶奶等人如何照顾刚出生的宝宝，再回忆一下宝宝前两次生日爸爸、妈妈等人都给宝宝准备了什么，让宝宝体会家人为自己所做的付出。

3 然后问问宝宝到了妈妈、爸爸、奶奶等家人过生日的时候，宝宝可以为家人做些什么，然后把家人的生日都告诉宝宝，让宝宝记住。

小贴士

真正到了家人生日的时候，最好带着宝宝给家人准备一份生日礼物。

各行各业的人们

游戏
关键词

☑ 认识职业
☑ 感恩

游戏难度
★★★★

适宜时间: 3岁左右的宝宝已经能弄清楚职业特征了,可以玩这个游戏。

培养目的: 让宝宝了解各种职业的人都为自己做过奉献,让宝宝对这些人产生感激之情,逐渐懂得对社会感恩。

游戏准备: 画有各行各业工作者形象的图片。

① 图片放到一起,妈妈、爸爸和宝宝各抽一张。

② 爸爸把抽到的图片展示一下,比如抽到的是警察,爸爸就说下警察的特征,然后说说警察的工作,警察的存在对人们的意义,如果没有警察世界会怎么样等等,让宝宝体会到警察的重要意义和辛苦付出。爸爸说完以后,妈妈带领宝宝一起向爸爸敬礼,并说:"我们感谢你。"

③ 妈妈也把抽出的图片展示一下,并依照爸爸的方式讲述一下这种工作,宝宝和爸爸对妈妈说:"我们感谢你。"

④ 轮到宝宝说了,宝宝只能简单说出自己的图片上表达的是什么职业,主要工作内容是什么,其他的父母可以帮忙补充完整,最后也跟宝宝说:"我们感谢你。"

小·贴士

有些行业容易被人轻视,比如环卫,妈妈要让宝宝了解从事这些工作的人的重要性,让宝宝懂得感激这些人。

早教指导：
培养宝宝的责任感

责任感是一种自觉做好分内事的心情，有责任感的人更能感受自己存在的价值，所以这是一种驱动他勇往直前的动力，这种动力使得他做事认真，也就更能得到人们的信赖和尊重。

责任感要从小培养起，需做到以下4点：

第一，让宝宝明白行为必然会带来结果。宝宝做事一般都是凭兴趣的，注重过程而不重结果，为此父母要为宝宝制定规定，比如规定宝宝叠完被子才能看电视，没叠就一定不能看，让宝宝知道一个人是要对自己的行为负责的。

第二，让宝宝自己承担做错事的后果。宝宝犯错了，父母不要代替宝宝去承担错误，比如宝宝打了人必须让宝宝亲自跟别人道歉而不是父母代替去道歉；宝宝损坏了别人的玩具，必须让宝宝拿出自己的玩具作为赔偿，让宝宝明白谁的错误就该谁负责。

不过，父母要允许宝宝有犯错误的权利和自由，只要宝宝在犯错误后能勇敢面对，坦白承认就是好宝宝。

第三，父母要做有责任感的人。责任感不能靠强迫养成，它是依靠自愿和自觉来完成的，需要长时间的熏陶。宝宝生活的环境对其责任感的形成非常重要，这就要求父母做榜样，给宝宝一个正面的形象。

第四，培养宝宝的责任感要从家庭事务做起。尽管宝宝还小，不懂大人的意思，但让宝宝感觉到自己对家庭的重要性是很必要的，要尊重宝宝的意愿，允许宝宝知道家庭事务、参与家庭事务，这可以让宝宝建立起对家庭的责任感。

当然，父母要注意，培养责任感不是能一蹴而就的事，一定要有耐心，长期坚持不懈才能见效。

送玩具回家

游戏
关键词

☑ 责任心
☑ 爱心

游戏难度

★ ★ ★ ★ ★

适宜时间： 宝宝2岁半左右时，就可以要求宝宝经常做这样的事。

培养目的： 让宝宝自己收拾玩具，宝宝可能不会听从命令，但是换成送玩具回家就可以打动宝宝了，在这个过程中能让宝宝学会对自己的物品负责。

游戏准备： 1支笔，有条件的话做1个玩具架，没条件就准备各式的盒子。

1 妈妈告诉宝宝要为每个玩具找个家，如果绘画不错，就在玩具架每一个格子里或者盒子上画上适合放的各个玩具的形象。如果不会画，就直接在上面写上玩具的名字。

2 当宝宝从玩具架或者盒子里拿出玩具的时候，告诉宝宝玩过以后要记得送玩具回家，就像宝宝也有自己的家，回不了家会害怕，激发宝宝收拾玩具的动力。这样宝宝每次玩过玩具就会主动放回去了。

3 有时候宝宝会拿了别人的玩具没有归还，在放到玩具架上的时候，妈妈跟宝宝一起找它的家，找来找去找不着，就跟宝宝说："原来它的家不在这里啊，我们把它送回家吧。"跟宝宝一起把玩具还回去。

小贴士

宝宝有时候放不对位置，妈妈要提醒并纠正，让宝宝的行为更有序。

约法三章

 游戏关键词
☑ 守承诺
☑ 责任感

 游戏难度 ★★★★

适宜时间： 2岁半左右的宝宝完全可以做到守承诺，可以玩这个游戏。

培养目的： 让宝宝作出承诺并要求宝宝严格遵守。如果不遵守就给予惩罚，让宝宝知道必须对自己的承诺和行为负责。

游戏准备： 不需要什么准备。

① 知道宝宝有些坏习惯，比如到了商场就要这要那，那么带宝宝去商场前就跟宝宝约法三章，说好这一天宝宝只可以买什么，没说好的绝对不能要，否则马上送宝宝回来，并且一个星期之内绝不允许宝宝吃任何零食。

② 到商场里后，先给宝宝买已经约定好要买的东西，然后让宝宝帮妈妈选购。如果宝宝表现得很好，妈妈要夸宝宝能遵守约定，并且允许宝宝选择一样妈妈指定范围里的东西作为奖励。

③ 如果宝宝要买玩具，妈妈就提醒宝宝出门前的约定，并且重申不遵守约定需要承担的责任。如果宝宝仍然要赖，就当机立断带宝宝离开超市，把宝宝送回家，然后自己再来购买，并且在接下来的一个星期内真的不让宝宝吃到任何零食。

小贴士

宝宝在公共场合哭闹，妈妈会觉得没面子，但即使这样也不能满足宝宝，否则下次宝宝还会故伎重施。

照顾娃娃

游戏关键词　☑ 责任心　☑ 自理能力　☑ 时间观念

游戏难度 ★★★☆☆

适宜时间： 宝宝2岁半就会自己玩照顾娃娃的游戏了。

培养目的： 妈妈有目的地督促宝宝照顾娃娃，不但可培养宝宝的各项生活技能，还能让宝宝由娃娃想到自己，理顺自己一天的生活。

游戏准备： 1个外面穿着衣服的塑料娃娃以及各种模拟的生活用品，比如锅灶、洗漱用品等。

现在是早上7点，娃娃要起床了。

1 宝宝玩洋娃娃的时候，妈妈可在一旁参与，比如提醒宝宝："现在是早上7点，娃娃要起床了。"告诉宝宝要照顾娃娃起床，给它穿衣服、梳头、洗脸等，还要带它上厕所。

现在是7:30了，娃娃要吃早饭了。

2 妈妈再说："现在是7:30了，娃娃要吃早饭了。"启发宝宝去找锅灶类玩具给娃娃做饭，然后让宝宝给娃娃喂饭。

现在是上午9:00，娃娃要出去玩

3 妈妈再说："现在是上午9:00，娃娃要出去玩，提醒宝宝给它带上必须带的物品，比如帽子、水壶等。

4 然后又到吃饭时间，又到玩耍时间，一直到晚上睡觉时间，妈妈提醒宝宝要给娃娃洗脸、刷牙、换睡衣，然后才让娃娃睡觉。

小贴士

平时宝宝不肯配合妈妈洗脸、洗脚的时候，妈妈就可以用娃娃的一天来督促宝宝，宝宝就愿意做了。

邮差的责任

 哈哈！

游戏关键词
☑ 好的生活习惯
☑ 责任感

 游戏难度 ★★★★★

适宜时间： 宝宝2岁半以上就能记住很多事了，可以玩这个游戏。

培养目的： 交给宝宝一件必须经过等待才能完成的事，这可以让宝宝持久地担负责任，而把一件事有始有终地做完对好的生活习惯培养也有好处。

游戏准备： 1件要交给爸爸的东西。

① 妈妈把东西拿给宝宝，告诉宝宝："宝宝做小邮差吧，等爸爸回来，把这个东西交给他。"提出要求："千万不能弄丢了，这是邮差的责任。"并承诺："爸爸收到它之后，妈妈会给你一块钱作为报酬。如果找不到了，宝宝要给妈妈一块钱作为赔偿。"

② 宝宝如果始终保护着妈妈交给的东西，并成功地将东西交给爸爸，妈妈给宝宝一块钱作为报酬，并夸奖宝宝有责任感。

③ 如果宝宝过一会就忘了责任而把东西随便扔，等爸爸回来，宝宝不能交出来，就拿走宝宝的一块钱，告诉宝宝这是不负责任的代价。

小·贴士

无论宝宝有无完成任务，妈妈都要带着宝宝总结经验，比如告诉宝宝其实可以找个地方把东西先放好，等爸爸回来以后再取出来，这样既负责任又省心省力。

221

保护蛋妹妹

游戏关键词
☑ 责任感
☑ 爱心

游戏难度 ★★★★☆

适宜时间： 宝宝3岁左右可以玩这个游戏。

培养目的： 让宝宝保护易碎的鸡蛋一段时间，对宝宝的责任感是个大考验，也充分体现了宝宝的爱心，而如何才能更好地保护鸡蛋，可促进宝宝积极思考。

游戏准备： 1只熟鸡蛋，上面画上笑脸。

1 妈妈给宝宝煮鸡蛋作为早餐，跟宝宝讨论一下鸡蛋易碎的特点，然后让宝宝想想什么情况下鸡蛋会碎，比如磕到桌角、石头上或者被挤压到等。

2 早餐剩下1只鸡蛋，妈妈在蛋壳上画上笑脸，然后交给宝宝，告诉宝宝要保护好这只蛋妹妹，要让蛋妹妹一直呆在宝宝身边，到晚上都不能破壳，不然蛋妹妹会伤心的。如果保护得好，妈妈会奖励宝宝很早就想要的玩具。

3 宝宝会努力保护鸡蛋，妈妈可以跟宝宝讨论下怎么样才能让鸡蛋更不容易破碎，比如用布、用纸包起来，用盒子装起来再带在身边，让宝宝看看哪种方法更有效。

小·贴士

宝宝护蛋游戏结束后，妈妈可以问问宝宝的感受，告诉宝宝妈妈是用什么样的心情和辛苦来保护自己的宝宝的，就像宝宝护蛋一样，让宝宝产生感恩情绪。

早教指导：
提高自我保护意识

宝宝特别容易受到意外伤害，一方面是体能较差，这需要慢慢提高，另一方面是自我保护意识较淡薄。应该早日教育宝宝，提高自我保护意识，形成自我保护习惯。

第一，让宝宝养成良好的行为习惯。好的行为习惯比如吃饭喝水前先尝一尝、摸一摸，走路时靠右，动作轻柔不莽撞等。这些习惯养成后，宝宝就不会吃饭烫伤，也不会走路被碰撞或者被桌椅板凳磕碰。良好的生活习惯可让一些小伤害发生的概率大大降低。

第二，让宝宝学会遵守游戏规则。宝宝大多是以自我为中心的，和小伙伴玩耍，玩得高兴时就会忘记了规则和秩序，往往一拥而上，你推我挤，很容易受伤，因此教导宝宝严格遵守游戏规则是保护宝宝少受伤的重要手段。

第三，让宝宝获得一些自我保护的常识并且培养宝宝自我保护的能力。自我保护常识，父母可以在日常生活中教授，比如夏天打雷下雨时告诉宝宝雷电的厉害以及如何避免雷击，看电视时看到灾难场景，告诉宝宝如何在灾难中逃生等知识。另外，父母要培养宝宝敢于求助的精神，告诉宝宝出了什么事可以怎么做，可以向什么人求助等，让宝宝了解110、120、119这些电话号码的用途和用法，同时要培养宝宝讲述事件的能力，要求宝宝能说清楚事情发生的地点、内容、事件、需要什么帮助等。还有就是提高宝宝自我保护的能力了，这与自理能力密切相关，妈妈可以在宝宝受伤的时候，让宝宝自己处理一下，以后遇到类似问题就能很好地进行自我保护了。

培养宝宝自我保护意识和能力，父母要持之以恒、时时进行。

澡盆营救

游戏关键词
✓ 自我保护意识
✓ 浮沉概念

游戏难度
★★★★★

适宜时间： 2岁半的宝宝可以玩。

培养目的： 这个游戏可以让宝宝了解浮沉的概念以及浮沉需要的条件，从而了解到自己应该远离水。

游戏准备： 澡盆里放些水，再准备橡胶小鸭、积木块、不锈钢小勺子和玻璃球。

1 妈妈和宝宝一起把所有玩具放入澡盆，跟宝宝说让它们到里面游泳，很快小勺子和玻璃球就沉下去了。

2 妈妈用惊慌的语气跟宝宝说："哎呀，小勺子沉下去了，玻璃球也沉下去了，快把它们救起来，不然就窒息了。"带领宝宝用最快的速度把勺子和玻璃球捞出来。

3 让宝宝看一下还有什么东西没有沉下去："宝宝看一看，还有什么东西没有沉下去呢？哎呀，还有积木块和小鸭子没有沉。"启发宝宝："如果小勺子和玻璃球想要浮在水面，我们应该怎么办？"

4 教宝宝把小勺子和玻璃球分别放在橡胶小鸭和积木块上，它们就不会再沉下水了，告诉宝宝自己要想不沉，就要坐船或者套上游泳圈，否则就要先学会游泳，除此之外碰到深水要远离。

小·贴士

游戏过后，带着宝宝展开想象，想想还有哪些东西可以浮在水面上，哪些东西一定会沉到水底，让宝宝更进一步地了解浮沉的概念。

火车呜呜跑

 哈哈!

游戏关键词
☑ 避免运动伤害
☑ 遵守秩序

游戏难度 ★★☆☆☆

适宜时间: 宝宝2岁半左右可以开始玩。

培养目的: 让宝宝学会在运动、游戏时遵守秩序和规则,这是避免运动伤害的重要手段。

游戏准备: 动员全家人一起玩,或者给宝宝请几个小伙伴。

1 告诉宝宝要玩开火车的游戏,几个人排成一列,妈妈当车头,后面一个人拉着前面一个人的后衣襟,每两个人中间保持半臂的距离,然后妈妈宣布游戏规则:"火车开在铁轨上,一个跟着一个走,不推也不挤。"

2 妈妈宣布火车要开动了,嘴里发出"咔嚓咔嚓"的声音,妈妈开始原地踏步,问问宝宝:"我的火车要开动了,宝宝要去哪里?"让宝宝说出一个地方后妈妈迈步向前,向前走、向左转、向右转或者突然停下,模仿火车在行进中的各种情况。

3 如果宝宝在行进中出现摔倒、撞在前面的人身上等情况,提醒宝宝遵守秩序,告诉宝宝如果火车这样就要偏离轨道,发生事故了,让宝宝在以后的游戏中更小心。

小·贴士

一个新鲜的游戏宝宝往往会要求玩了再玩。妈妈如果烦了、累了,可以邀请宝宝做点别的,不要直接拒绝宝宝的请求。

游戏育儿百科

小兔乖乖

 哈哈！

游戏
关键词 ☑ 自我保护意识

游戏难度
★★★★★

适宜时间： 2岁半的宝宝就应该开始玩这个游戏。

培养目的： 通过分角色扮演小兔和大灰狼，培养宝宝不随便给陌生人开门或者跟陌生人搭话的自我保护意识。

游戏准备： 《小兔乖乖》的故事。

1 妈妈给宝宝讲讲《小兔乖乖》的故事，跟宝宝讨论下如果小兔给大灰狼开门了，会发生什么严重后果，让宝宝记住不能随便给人开门。

2 妈妈扮作大灰狼，宝宝扮作小兔子，分角色表演《小兔乖乖》的故事，妈妈要用尽各种方法，诱惑、威胁等，让宝宝开门，看宝宝是否能做到坚持不开。

3 将故事拓展一下，假装"小兔子"放学了，在路上碰见了"大灰狼"，"大灰狼"用各种方法诱惑小兔子去它家，看宝宝怎么反应。

4 如果宝宝相信了"大灰狼"的谎言，"大灰狼"就假装把"小兔子"带回家，告诉宝宝妈妈根本不在这里，是自己骗它的，让宝宝明白不能随便跟陌生人走。

小贴士

家里每次来人后可以让宝宝去开门，看宝宝怎么做，鼓励宝宝先问明白是谁，然后让妈妈看看对不对，最后决定是否开门。

妈妈失踪了

游戏关键词
☑ 自我保护能力
☑ 勇敢

游戏难度 ★★★★★

适宜时间： 宝宝2岁半的时候就可以试试。

培养目的： 外出时故意让宝宝找不到妈妈，看宝宝会做出什么反应，能否找到正确的方法获得帮助，从而找到妈妈或者回到家。

游戏准备： 妈妈藏起来。

1 妈妈跟宝宝玩"跟着走"的游戏，让宝宝跟着妈妈、爸爸或者奶奶走，要求宝宝不能掉队，让宝宝提高自我保护意识，知道在外出时应紧紧跟随父母。

2 告诉宝宝如果在外面找不到妈妈了该怎么做，比如可以等在原地，妈妈会回来找宝宝；宝宝可以找警察，警察会帮忙找到妈妈；另外，还要让宝宝记住家人的电话和地址。还有，到任何地方，都可以给宝宝指出哪些是工作人员，告诉宝宝有困难就可以找他们帮忙。

3 当宝宝已经能熟练地复述妈妈教导的内容了，妈妈可以带宝宝演练一次，锻炼宝宝的反应能力。

小·贴士

妈妈在有其他家长看护的情况下，故意玩失踪考验宝宝的时候，不要等宝宝大哭才出来，避免宝宝产生严重的恐慌情绪。

灾难中逃生 哈哈！

游戏难度 ★★★★

适宜时间： 宝宝2岁半左右就可以玩。

培养目的： 通过预设灾难场景，让宝宝判断如何逃生，对提高宝宝的自我保护意识和自我保护能力都有意义。

游戏准备： 一些玩具，包括汽车、小狗、洋娃娃、小山，另外还要备1个盆子、1个杯子和水。

1　把除小山外的各种玩具摆放到盆子一角，小山放到盆子另一边，妈妈拿着水杯往盆子里倒水，边倒边跟宝宝说："发洪水了，快点把娃娃和小狗转移到安全地带。"

2　妈妈继续倒水，让宝宝想想什么地方是安全的，最后才会被水淹到，让宝宝想到娃娃和小狗可以到小山上去。

3　宝宝移动小狗和娃娃的时候，妈妈要要求宝宝拿着玩具的脚一步一步走，鼓励宝宝想想有什么办法可以安全避险。

4　当宝宝把小狗和娃娃都转移到小山上了，妈妈倒水的动作还可以继续一会，让宝宝看到自己的小玩具都已经安全了，倒很多水都淹不到了。

小贴士

妈妈还可以设想别的灾难情况下的逃生情景，比如地震、火灾等，让宝宝掌握各种逃生技能。

早教指导：
培养公德意识

　　公德是每一个社会公民都应该具备的，公民的公德意识水平反映了一个国家的文明程度。宝宝迟早有一天要成为社会的主力，只有拥有公德意识才能更好地被社会接纳，父母要注重培养宝宝的公德意识。

　　让宝宝在日常生活中体验公德意识包含的内容。公德包含很多内容，而且比较零散，需要在生活中一点一滴地让宝宝了解、体验，比如人多时要排队、碰到有需要的人要让座、公共场合禁止大声喧哗、果皮纸屑不能随便乱扔等等。

　　具备公德意识需要宝宝具备自制能力、自立精神、竞争意识和责任心。公德说起来简单，其实需要一个人具备比较高的个人品质才能具备，父母平时要培养宝宝的自制能力。这种能力能让宝宝控制自己的行为，避免贪婪引起的行为偏差比如偷盗、抢劫等；要培养宝宝的自立精神，这种精神让宝宝不依赖别人帮助而主动去帮助别人；要培养宝宝的竞争意识，让宝宝明白有赢就有输，避免宝宝产生某些不良行为比如嫉妒、报复等，这种不良行为长大后可能演变成危害社会公德的行为；要培养宝宝对社会的责任心，让宝宝除了对自己、对家庭负责，还学会对社会负责。

　　让宝宝具备公德意识，父母要做好榜样。从有了宝宝的一刻起，父母就要注意自己的言行举止、礼仪规范等，这些都会对宝宝产生巨大的影响。

给垃圾找个家

适宜时间： 宝宝2岁半左右时，就能培养宝宝这种美德了。

培养目的： 公共卫生需要共同维护，这个游戏可以让宝宝从小就形成这种讲卫生的习惯，为维护公德作出自己的贡献。

游戏准备： 不需要什么准备。

① 带宝宝外出时，让宝宝注意看路边的垃圾箱，告诉宝宝这是垃圾的家，以后有了垃圾就要扔到这样的箱子里去。

② 在外面的时候，如果宝宝手上有了垃圾，妈妈不要拿过来自己拿着，即使宝宝请求也不要答应，公德是需要一定的责任感的，你就让宝宝自己负责，直到找到垃圾箱再扔进去。如果一直没有找到垃圾箱，也可以任由宝宝拿着到家里再扔到自己的垃圾篓里。

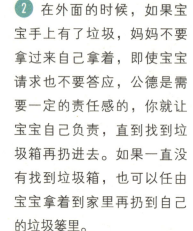

③ 有时候宝宝会不小心掉落垃圾或者扔到了垃圾箱的外头，妈妈要鼓励宝宝捡起来再扔到垃圾箱里。当然你要给宝宝提供一些方法避免宝宝弄脏手，比如拿一个小塑料袋或者纸巾垫着捡起来再扔。

小·贴士

垃圾一定要扔到垃圾箱里，因为担心会弄脏自己的手而把垃圾扔到垃圾箱周围就算了事，这是不对的。妈妈不能教宝宝这样做。

红灯停，绿灯行

 游戏关键词

☑ 自我保护意识
☑ 公德意识

游戏难度
★★★★★

适宜时间： 宝宝2岁半左右就可以玩。

培养目的： 遵守交通规则是公德要求的基本内容，而且这样做对自己也是一种保护，这个游戏可以很好地培养宝宝这两方面的品质。

游戏准备： 在宽敞的场地上画出车道、斑马线等，再准备两个圆牌子，一个涂红色，一个涂绿色。

1 妈妈宣布要跟宝宝玩一个开汽车的游戏，妈妈和宝宝都扮成司机在车道上行驶。如果宝宝碰到了妈妈，妈妈要叫停宝宝，告诉宝宝要靠右行驶，这样才能不相互碰撞。

2 妈妈和宝宝继续开车，来到斑马线，爸爸假装是行人，正在过斑马线，妈妈和宝宝都要停下来，等爸爸过去了然后再开动，让宝宝明白过马路应该走斑马线。

3 妈妈和宝宝手拉手扮作行人，爸爸举着两个牌子，先对妈妈和宝宝举起红色牌子，表示红灯亮了，妈妈和宝宝都停下来等待。过一会爸爸再举起绿色牌子，放下红色牌子，表示绿灯亮了，妈妈和宝宝就可以走了。

小贴士

带着宝宝外出的时候，随时都可以考考宝宝应该怎么走，让这些交通规则深入宝宝的脑海，对宝宝来说是很好的保护。

你的、我的、他的

游戏关键词

☑ 公德意识
☑ 权属意识

游戏难度
★★☆☆☆

适宜时间： 宝宝2岁半左右时就应该强调这个问题，多玩这种游戏。

培养目的： 这个游戏可以让宝宝懂得尊重别人的权利，同时学会保护自己的权利不受侵犯，这是公德意识的基本内容。

游戏准备： 邀请几个小伙伴一起玩，每个人都带着自己的玩具。

1 妈妈鼓动小朋友们把玩具都拿出来放在一起，然后让小朋友们说出哪个是我的，哪个是你的，哪个是他的，然后让他们各自拿回自己的玩具。

2 妈妈问其中一个宝宝自己能不能玩玩他的玩具，如果宝宝同意了，妈妈要说"谢谢"；宝宝不同意，妈妈可以提出用自己的东西交换或许诺给什么报答等，给其他宝宝做个沟通的榜样。

3 问问宝宝他们想玩谁的玩具，鼓励宝宝去跟小朋友沟通，取得同意后方可玩耍，避免宝宝抢别人的玩具。

4 如果有宝宝抢别人的玩具，妈妈要严肃认真地告诉宝宝那是别人的玩具，其他人没有权利玩，除非是人家答应了。

小·贴士

很多宝宝看中了自己喜欢的东西都会要求妈妈去帮自己拿。这时妈妈要明确告诉宝宝那是别人的东西，妈妈没权利拿，要宝宝自己去问主人是否同意。

图书馆的规矩

游戏关键词
☑ 公德心
☑ 秩序

游戏难度
★★★★

适宜时间： 宝宝2岁半左右带宝宝到图书馆等公共场所时就可以玩类似的游戏。

培养目的： 在公共场合保持安静、遵守秩序，这是公德内容之一，带着宝宝来到这样的场合时就可以要求宝宝做到这一点。

游戏准备： 不需要什么准备。

❶ 带宝宝到图书馆后，妈妈跟宝宝说话首先要保持一种低分贝的语调，让宝宝感受到图书馆不同于别处的气氛。妈妈悄悄告诉宝宝在图书馆里说话、笑、走路都要悄悄的，否则会不受欢迎。

❷ 如果是和爸爸一起来的，妈妈可以让宝宝帮忙传话，跟宝宝说的时候要悄悄的，要求宝宝传给爸爸的时候也悄悄的，看宝宝是否能做到。

❸ 妈妈鼓励宝宝拿书来看，告诉宝宝这是图书馆的财产，不能破坏，要求宝宝轻拿轻放，不要撕毁书页，看完之后要放回原位，不能随便丢弃在一边。

❹ 出了图书馆以后，妈妈就可以深呼吸一口气说："哦，终于可以大声说话了。"让宝宝感受内外的反差，更容易记住图书馆的规矩。

小·贴士

最好不要同时带着几个孩子到图书馆去，孩子们在一起打闹是很难制止的，无疑会影响到别人。

楼下·阿姨要睡觉

游戏关键词
☑ 公德心
☑ 同情心

游戏难度
★★★★★

适宜时间： 在宝宝2岁半左右时就可以提出游戏里的要求，让宝宝遵守。

培养目的： 很多楼下和楼上邻居的矛盾都是宝宝弄出来的，因为宝宝喜欢在上面跳跳蹦蹦、拖拖拉拉，让楼下人无法忍受，这就要求父母对宝宝做出要求，别打扰到楼下的人。

游戏准备： 不需要什么准备。

❶ 如果宝宝特别淘气，总是在家里做出拖拉、蹦跳等动作，发出刺耳的噪音。妈妈可以让宝宝钻到桌子底下，然后在桌子上面做出拖拉或敲打的动作，或者让宝宝把头钻到桶里，妈妈敲桶，让宝宝感受下噪声是不是让人很难受。

❷ 告诉宝宝，拖拉、蹦跳弄出来的声音就跟这个是一样的，楼下阿姨一点都不喜欢这个声音，让宝宝想想怎么办。

❸ 带着宝宝到楼下阿姨家，让宝宝问问阿姨是不是很不喜欢自己弄出的声音，阿姨这时候要说"的确是"，并且对宝宝提出希望，然后妈妈让宝宝跟阿姨道歉，并保证以后再也不打扰阿姨睡觉了。

小·贴士

过一段时间，妈妈可以带着宝宝再次拜访阿姨，问问阿姨有没有再被打扰，阿姨要夸奖并感谢宝宝，让宝宝体会到自己的价值。

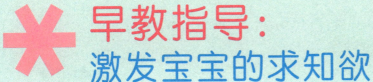

早教指导：
激发宝宝的求知欲

求知欲是一个人拥有上进心的动力，这点是很多父母都特别关注的一种品质，这直接关系到宝宝上学后是否能够主动学习的问题，需要从小培养。

首先，父母要妥善解决宝宝的每一次提问。从3岁左右开始，一直到七八岁，宝宝的问题会不断。对宝宝的提问，父母不要消极对待，不能不回答，也不能否定宝宝问题的价值，而是应该尽快正面回答，若自己不会，则可以带着宝宝一起找书本、上网等查询获得答案。这样可以保护宝宝的求知欲不被打击。

其次，让宝宝体会到知识的价值。宝宝的求知欲有随意性的特点，为了保持其持续性，父母要把宝宝已经掌握的知识设法运用到以后的交流中，多用宝宝已经知道的知识解释未知的问题，让宝宝体会到知识的价值。这种经历可以激发宝宝的求知欲。

再次，把学和玩结合起来。学习往往是枯燥的，为了保持宝宝对学习的积极性，父母在教宝宝知识的时候，不妨多运用游戏的方式，让宝宝在快乐中积累知识。

第四，让书籍包围宝宝的生活。宝宝如果随处都能接触到书籍，阅读兴趣更容易被激发，阅读更容易成为一种习惯，求知欲很容易就能维持下来。因此，父母不要把书报收起来，而应该随意摆放在家中任何地方。

最后，从宝宝的爱好入手引导他的求知欲。父母要注意捕捉宝宝的兴趣点，宝宝喜欢什么就着重让宝宝接触什么内容，这样宝宝的爱好就能维持得长久一些。

当宝宝已经上幼儿园或上学了，父母千万不要寸步不离地紧逼孩子学习，那会让宝宝产生逆反心理，最好让学习成为宝宝自己的事。

被粘住了 哈哈!

游戏关键词
☑ 动手能力
☑ 求知欲

游戏难度
★★★★

适宜时间： 宝宝2岁半左右就可以玩。

培养目的： 让宝宝体会各种有黏性的东西，引起宝宝对黏性物质的好奇心，进一步引导宝宝去了解各种带黏性的物质，激发求知欲。

游戏准备： 黏性较大的胶布和一些小玩具。

1 把几张胶布密集地排在茶几上，再放一些小玩具在上面，使劲按一按，让小玩具都牢牢地粘在上面。

2 叫宝宝把这些玩具拿起来，宝宝可能会把玩具拿起来后随手一放，结果又发现被粘在另一条胶布上，直到宝宝把玩具拿离开这些胶布，放到其他地方才彻底摆脱。

3 宝宝把玩具拿完以后，妈妈让宝宝把双手放在这些胶布上再拿起来感受一下黏性，再抱着宝宝光脚站在这些胶布上，让脚也感受一下。

4 跟宝宝分析一下为什么会被粘住，为什么会有这种黏糊糊的感觉，都有什么东西有这样的特性，最后妈妈给宝宝讲解一下黏性物质的特性，一起想想还有什么物品有这样的特性。

小贴士

跟宝宝做这种黏性实验时，注意不要用强力胶、"502"胶水等，以免伤到皮肤、眼睛等。

油、盐、沙子与水

游戏关键词

☑ 自然知识
☑ 求知欲

游戏难度
★★☆☆☆

适宜时间： 宝宝2岁半时就能注意到这些现象，可以玩这个游戏。

培养目的： 让宝宝看各种物质与水的混合情况，促使宝宝思考为什么会有不同的表现，激发宝宝的求知欲。

游戏准备： 1勺油、1勺沙子和1勺盐、3杯水以及1根筷子。

① 妈妈把油、盐、沙子和水都放在宝宝的面前，让宝宝把勺子里的东西分别倒入3杯水中，观察一下发生了什么变化，提醒宝宝油浮在水面上，而沙子和盐都沉到了水底。

② 让宝宝用筷子分别在3个杯子里搅拌一会儿，再进行观察，看看发生了什么变化，油依然漂在水面上，沙子仍然沉在水底，而盐不见了。

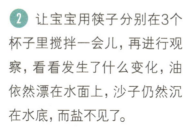

③ 让宝宝想想到底是为什么，问问宝宝想不想知道原因，然后给宝宝解释一下原因。

小·贴士

　　宝宝可能还会提出一些妈妈从来没想到过的问题，回答不出就直接告诉宝宝"妈妈也不会，等宝宝长大上学就能知道了"。这样可以保持宝宝的求知欲。

太阳、月亮和星星

游戏关键词

☑ 逻辑思考能力
☑ 求知欲

游戏难度

适宜时间： 宝宝3岁左右时，可以玩给宝宝看。

培养目的： 宝宝会时不时问些关于月亮、太阳、星星的问题。做这样的一个游戏，能很好地解决宝宝的困惑，同时能培养宝宝的求知欲和逻辑思考能力。

游戏准备： 1个台灯去掉罩子、1只气球代表月亮，一些贴纸贴在墙上表示星星。

① 妈妈问问宝宝为什么晚上看不见太阳，能看见星星，为什么有时候能看见月亮有时候又看不见，宝宝肯定是懵懵懂懂的，妈妈就告诉宝宝要给宝宝做个实验，让宝宝明白。

② 打开台灯，让宝宝模仿地球绕着台灯转。妈妈手拿气球模仿月亮绕着宝宝转，当宝宝背对太阳了，就告诉宝宝现在是黑夜了。气球没进入宝宝的阴影时，提醒宝宝看月亮；当气球进入宝宝的阴影，妈妈就提醒宝宝看不到月亮了。同样的方法提醒宝宝看太阳和星星出现的规律。

③ 实验做完后，妈妈详细给宝宝解释月亮、太阳、地球和星星的关系。要用科学、准确的语言讲述，宝宝不一定理解，但求知欲一定会被大大激发。

小贴士

这个游戏让爸爸参与进来，妈妈和宝宝一起当地球，效果会更好。

毛巾把水运走了

游戏关键词
☑ 求知欲
☑ 耐心

游戏难度
★★★☆☆

适宜时间： 宝宝2岁半左右就可以做类似观察。

培养目的： 这个游戏让宝宝发现一件从来不曾想到过的事情，对激发宝宝的好奇心和求知欲是非常有效的，而观察过程则需要耐心。

游戏准备： 两个小盆，其中1个装满水，另一个空着，然后准备1条干毛巾。

① 把两个小盆摆在宝宝的面前，让宝宝确定的确是1个盆里有水，另1个盆里是空的，然后妈妈把干毛巾搭在两只盆上，毛巾一头浸入水里，另一头放到另一个盆里。

② 妈妈再次让宝宝看盆里，仍然1个是空的，1个是有水的，然后让宝宝盯着看会发生什么变化。

③ 过一会，宝宝会发现本来没水的盆里有水了，提醒他看另外1个盆里的水是不是少了，告诉他是毛巾把水运走了。然后让宝宝过几个小时后再来看。

④ 原本空着的盆里水越来越多，而另1个盆里的水则越来越少，直到两个盆里水一样多了，让宝宝再过几个小时再看，看两个盆里的水是不是不再变化了。

小贴士

让宝宝用其他东西换掉干毛巾试试，看看有什么能运走水，什么不能，让宝宝学会总结物质的特性。

冒白烟的冰棍

☑ 自然现象
☑ 求知欲

游戏难度
★★★☆☆

适宜时间： 宝宝3岁左右时，可以提醒宝宝注意观察这样的现象。

培养目的： 让宝宝观察水蒸气，了解出现水蒸气的原因，可提高宝宝对自然现象的观察力，还可促进求知欲。

游戏准备： 冰箱里放支冰棍，放个杯子，准备一壶温水。

① 妈妈带着宝宝从冰箱里取冰棍出来，让宝宝看着冰棍，问问宝宝是不是看到冰棍周围冒起一圈"白烟"。宝宝注意到这个现象会立刻表现出好奇。

② 妈妈也装作不解的样子边问为什么，边从冰箱里拿杯子出来，让宝宝看看杯子有没有冒白烟，杯子没有冒白烟，问问宝宝为什么和冰棍不一样。

③ 把杯子放到桌子上，往杯子里倒些温水，让宝宝看看杯子的外部是不是出现一层小水珠，再想想这是为什么。

④ 妈妈跟宝宝一起查查书，把书上的答案解释给宝宝听："原来是冰棍和杯子太冷了，使空气中的水蒸气液化成小水珠了，冰棍上的白烟是很小很小的小水珠，杯子上是大水珠。"

小·贴士

宝宝虽然对一些自然现象的成因一知半解，但宝宝肯定会记住妈妈带自己做过的这件事，有一天宝宝会对这种现象恍然大悟。

早教指导：
本阶段的大动作和精细动作锻炼

过了3岁，宝宝就要离开家庭而进入幼儿园，进入最初的集体生活中了，这时候的宝宝已经具备了独立生活的基本能力。

在大动作方面，宝宝能自由控制自己的平衡了，不但能在10～15厘米高的平衡木上做行走、左右转等简单动作，而且不管做什么动作都不容易摔跤，比如能单脚连续蹦跳，能踢球、拍球，能跳过10～15厘米高的障碍物，能钻过高度为自己身高一半的洞穴，能把球举过肩膀然后投出去，能接住1～2米外投来的球，能走"S"形，会骑三轮车，骑着车能够走直线、拐弯，遇到障碍物可停下来，等等，无论做什么，身形都是稳稳当当的了。另外，宝宝还能攀登上3层高的攀登架。

在精细动作方面，宝宝会用剪刀了，能把纸剪出小口或剪成纸条，也会用筷子了，还能用筷子夹起比较难夹的花生米、枣等食物，宝宝也会使用杯子，生活技能进一步提高。另外，宝宝会折纸了，能折简单的纸图形，如长方形、三角形等，还会用笔画出圆形和方形，捏泥玩也已经很熟练。

在这个时期，宝宝整天爬上爬下，很忙活，父母不要过多限制，可以多引导宝宝锻炼、提高身体平衡、跳跃能力，并且有目的地提高宝宝使用笔、剪刀、筷子、杯子的能力，另外可以多玩折纸、面塑和贴画的游戏。

定形撕纸

游戏关键词
☑ 精细动作能力
☑ 手眼配合

游戏难度
★★★★

适宜时间: 宝宝2岁半左右就可以玩这样的游戏。

培养目的: 让宝宝按照要求将纸撕出形状，需要手指足够灵活，力道掌握适度，还要求手眼配合得好。

游戏准备: 几张纸和1支笔。

① 妈妈把纸和笔放在宝宝面前，跟宝宝说明游戏规则:"妈妈会在这张纸上画出图形，宝宝要沿着妈妈画的线把图形撕出来。"

② 妈妈在纸上画圆形、方形、三角形、长方形等图形，要求宝宝先将外轮廓撕掉，再将中间多余的部分撕掉，撕得越精细越好。

③ 宝宝能够把画好线的图形撕出来之后，妈妈就加大难度，要求宝宝在没有画线的情况下直接把图形撕出来，说撕三角形就撕三角形，说撕长方形就撕长方形。

④ 把纸和笔都给宝宝，让宝宝自己画、自己撕，也可以妈妈和宝宝一起撕，不过每撕出一片来妈妈都可以问问宝宝撕的是什么，告诉宝宝如何加工一下能变成什么，促使宝宝的撕纸活动更有目的性。

小·贴士

妈妈还可以和宝宝展开比赛，比一比谁撕的形状更标准，完成更快。但妈妈要告诉宝宝这些纸都是妈妈特意准备给宝宝玩的纸，可以撕，其他的纸需要先征得爸爸妈妈的同意，才可以撕。

踩虫子、捉虫子

游戏关键词

☑ 身体协调性
☑ 大动作

游戏难度 ★★☆☆

适宜时间： 宝宝2岁半左右就可以玩。

培养目的： 让宝宝去踩和捉住边移动边晃动不停的绳子，或者宝宝晃动绳子让妈妈抓，这都需要宝宝身体具有很好的协调性，对大动作、精细动作都有锻炼作用。

游戏准备： 1条1米左右长的绳子。

① 妈妈把绳子握在手里，抖动给宝宝看，告诉宝宝这是一条不停窜动的虫子，让宝宝来抓，用脚踩住或用手抓住就算赢了。

② 妈妈开始边移动自己的位置边抖动绳子，加大宝宝踩住绳子或抓住绳子的难度。

③ 妈妈故意慢一些让宝宝踩住绳子，宝宝踩住后，用手抓绳子的时候，妈妈突然用力把绳子抽出来，让宝宝抓空，妈妈欢呼："虫子挣脱了。"

④ 妈妈跑开一段距离后，站在原地不动说："虫子休息休息。"任由宝宝走过来，直到宝宝伸手去抓绳子了才突然抖动绳子。

小贴士

也可以换宝宝指挥虫子，妈妈踩虫子、抓虫子。但无论怎样玩，都要到开阔的场地，远离有桌子、凳子的场所。另外最好不要是水泥地，避免磕伤或者跌伤。

绕桩大赛

 哈哈!

游戏关键词
- ☑ 平衡协调能力
- ☑ 竞争意识

游戏难度 ★★★★☆

适宜时间： 宝宝2岁半左右可以玩。

培养目的： 绕桩要经过多次急转弯、俯身、直起身来等动作，多玩可以提高宝宝身体平衡能力和协调能力，另外比赛的形式可以加强宝宝的竞争意识。

游戏准备： 5个啤酒瓶隔3米1个排成一行，5个易拉罐隔3米1个排成一行，笑脸贴纸若干。

① 规定宝宝和爸爸参加绕桩比赛，宝宝绕着易拉罐跑，爸爸绕着啤酒瓶跑，谁先跑到规定的点谁赢，就可以获得1个笑脸。中途不能碰倒啤酒瓶或易拉罐，否则要从起点重新跑。

② 第一局，妈妈先做示范，碰一下起点的啤酒瓶，直线跑到终点，碰一下终点的啤酒瓶然后再直线跑回起点，要求宝宝和爸爸也这样做，谁先跑回来就给谁胸前贴一个笑脸。

③ 第二局，妈妈再做示范，碰一下起点的啤酒瓶后，跑"S"形绕过每一个啤酒瓶到达终点，再碰一下终点的啤酒瓶，算一局。宝宝和爸爸照做，谁赢再得一个笑脸。

小贴士

因为跑动、转弯的过程中宝宝有可能会滑倒，所以比赛前要仔细清理场地，尤其是小石子和玻璃渣要清理干净。

人行道上走猫步

游戏关键词

☑ 平衡技巧
☑ 独立性

游戏难度
★★★★★

适宜时间： 2岁半左右的宝宝都可以玩。

培养目的： 让宝宝在路上练习走猫步，很锻炼平衡感，而且这么做让走路变得有趣，宝宝就不会吵着让妈妈抱，可以增强宝宝的独立性。

游戏准备： 不需要什么准备。

1 带宝宝走到人行道上之后，让宝宝看看路上的砖是不是都是一行一行的，然后邀请宝宝一起走猫步。

2 妈妈在前面走猫步，让宝宝在后面跟着模仿，不时提醒宝宝要抬头挺胸，要求宝宝双脚必须落在同一行砖上。

3 碰到高出路面的马路牙子，妈妈可以走上去，双臂向两侧平伸，在马路牙子上走猫步，要求宝宝在后面跟。有些宝宝可能不敢自己上去走，妈妈可以在旁边握着宝宝的一只手，让宝宝把另一只手臂平伸出去，由妈妈护着练习猫步。

4 宝宝和妈妈分开一段距离，让宝宝看看妈妈的方向和两人之间的距离，然后要求宝宝闭上眼睛走向妈妈，看宝宝会偏离多少距离。偏离越少说明宝宝平衡感、方向感越好。

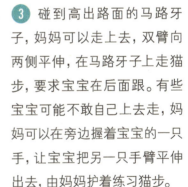

小·贴士

做这样的游戏一定要找行人较少的路段，避免影响他人，也避免宝宝被磕碰到。

布置小·家

适宜时间： 宝宝2岁半左右就可以玩。

培养目的： 这个游戏模仿妈妈布置家居，可以激发宝宝动手收拾家居的热情，可发展宝宝手的能力，另外对空间想象能力发展也有好处。

游戏准备： 1套家居用品玩具。

1 妈妈把家居用品玩具集中到一起，跟宝宝说一起玩个布置家居的游戏吧，问问宝宝哪里做客厅，哪里做餐厅，哪里是厨房，哪里是妈妈卧室，哪里是宝宝的卧室等等。

2 根据宝宝说出的位置，妈妈用笔画出各个区域，然后在每个区域写上该区域的功能，开始和宝宝一起布置家居。

3 问问宝宝客厅里都能放什么，然后和宝宝一起把客厅里可以放的家居用品放到客厅的区域里，要求宝宝按照自己家的样子布置客厅，哪里放什么最好都跟自己家一样。布置好客厅后，再依次布置好其他几个区域。

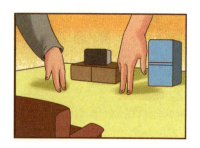

4 布置好以后，妈妈和宝宝以手指当腿脚，在各个空间转转，看看是否方便，想想还能如何改进。

小·贴士

妈妈收拾屋子的时候，可以请宝宝帮忙，让宝宝联想游戏内容，把物品放在应该放的地方。

洗衣小帮手

☑ 精细动作能力
☑ 自理能力

游戏难度

适宜时间： 宝宝3岁左右时，就可以做这件事了。

培养目的： 此时的宝宝对家务很感兴趣，带着宝宝劳动是培养各种动作能力最好的方法，妈妈不妨让宝宝多参与家务事。

游戏准备： 不需要什么准备，洗衣服的时候带着宝宝就可以了。

① 妈妈要洗衣服了，跟宝宝说一声，让宝宝帮自己的忙，首先让宝宝帮忙把自己要洗的衣服拿过来，放到盆子里。

② 妈妈倒水和洗衣粉在盆子里，招呼宝宝一起把衣服按入水中泡一会，让宝宝耐心等等，跟宝宝说好妈妈洗大件的东西，宝宝洗小袜子。

③ 把所有的袜子都集中起来，泡到另一个盆子里。妈妈把大袜子挑出来洗，宝宝把自己的小袜子挑出来洗，跟宝宝讲清楚怎么洗、洗完后怎么拧干、拧干后如何淘洗，让宝宝掌握各种动作要领。

④ 妈妈洗完衣服后，让宝宝帮忙把洗好的衣服放入干净盆子、收拾盆子、递送衣架等，进一步锻炼宝宝的动手能力。

小贴士

　　宝宝洗完袜子后很可能把自己的小手帕等东西扔进盆里继续洗，妈妈要告诉宝宝袜子和手帕不能在一个盆子里洗，给宝宝灌输专物专用的观念。

快速抢答

哈哈!

游戏关键词

☑ 反应速度
☑ 表现力

游戏难度
★★★★★

适宜时间: 宝宝3岁左右就可以跟上节奏玩这个游戏。

培养目的: 快速抢答的游戏重视反应速度,气氛热烈,能让宝宝不知不觉放下羞涩和畏惧加入其中。这对激发宝宝表现的勇气有帮助。

游戏准备: 准备一些容易回答的问题和一些小红花,另外备几副碗筷,以筷击碗代表抢答器。

① 让参与抢答的人都坐到沙发上,妈妈站在茶几前宣布规则:妈妈提出问题后,知道答案的人要迅速用筷子击碗,谁先敲响碗,问题就由谁回答。答对得1朵小红花,答错减1朵小红花。

② 抢答开始,妈妈提问,其他人先敲响碗,回答问题,得小红花,给宝宝做个示范。

③ 下一个问题开始,其他人假装在思考,等等宝宝。妈妈问问宝宝知不知道,鼓励宝宝知道就敲一下碗,然后让宝宝回答,答对同样得1朵小红花。

④ 参与游戏的人抢答后故意答错,让宝宝来纠正,然后把答错的人的小红花收回,给宝宝再发1朵小红花。

小贴士

游戏开始时让宝宝多得一些小红花,激发宝宝的玩兴。玩熟后要严格按照规则来,让宝宝体会规则的力量,体会失去和得到的感觉。

附录

附录一：全优宝宝亲子早教全攻略

一、建立和谐亲子关系的策略

❶ 为宝宝提供一个充满愉悦感的、稳定而正面的情感支持。

❷ 0~3岁是亲子依恋关系建立的敏感期，良好的亲子关系是婴幼儿阶段人格形成与发展的基础，因此妈妈要尽量多陪伴宝宝，关心宝宝，和宝宝一起交流互动，做游戏。

❸ 重视父亲在早教中的重要作用。父亲不同于母亲的思维和行为模式会对宝宝产生另一种影响，对丰富和完善宝宝的性格、意志、社交行为、知识构建等方面起着重要作用。

❹ 父母对待宝宝的态度要一致，既不强势，也不溺爱，更不放纵，而是尊重和理解。

❺ 父母是孩子的榜样，身教重于言教，平时要注意自己言行一致。

❻ 宝宝会通过眼神、表情、动作、语言等方式表达自己的情绪、需求和问题。父母要对宝宝的各种反应、要求和变化及时捕捉和理解，并积极做出相应的回应，让宝宝感受到重视和关爱。积极的回应比忽视和延迟回应更能促进宝宝对事物的好奇心和良好情绪的发展，有利于建立亲密的亲子关系。

❼ 创造一个宽松的氛围，并经常给宝宝独自玩耍的机会，让宝宝本着好奇心去主动学习和玩耍。

❽ 为宝宝的各种学习探索活动提供支持，鼓励宝宝尝试新鲜事物，不讥笑或斥责宝宝的错误、失败和幼稚的做法。

❾ 掌握赞赏和批评的技巧，如及时表扬宝宝的进步，但要少用物质奖励；批评时注意维护宝宝的自尊心，可用故事人物或小动物做角色来简单说明道理。

❿ 要艺术地对待宝宝的各种要求，合理的要尽量满足，不合理的要通过延迟、转移、设置条件、忽视等策略巧妙地加以引导或拒绝。

二、观察聪慧宝宝表现出的优点

❶ 好奇心强，兴趣广泛，好动好问，主动学习的能力强。

❷ 情绪稳定而愉快，乐于与人交往，能通晓事理，礼貌而守秩序。

❸ 自信心强，喜欢独立做事，常能坚持把事情做完。

❹ 注意力持久，记忆力强。

❺ 观察力强，善于发现其他孩子甚至成人容易忽视的地方。

❻ 2~3岁时对稍稍复杂问题的理解力与判断力强，联想丰富。

❼ 具有初步的归纳概括能力，对事物能举一反三，触类旁通。

❽ 动作反应灵敏，大运动和精细动作技能掌握得比较好。

❾ 语言发育往往很快，常在2岁左右时就显示出较高水平的语言能力，能掌握大量词汇，说出复杂的长句子，喜欢阅读，理解力强，能复述常听的故事和创编简单的故事、儿歌。

❿ 对数、量、形感觉灵敏，一些数学技能如点数、复制、对应、比较等掌握得比较好。

⓫ 喜欢音乐、绘画和手工，其表现能力往往超前于其他同龄宝宝。

三、开发宝宝情商的策略

❶ 著名心理学家埃里克森认为：1~3岁的幼儿处在人生的第一个叛逆期。这一时期是对宝宝进行社会化教育的敏感期，要开始教宝宝学一些简单的做人做事的道理，如学习情绪控制和自我表达，分辨生活中的善恶对错等。

❷ 8个月时，宝宝的情绪抑制中枢开始发育，从这时起可开始对宝宝进行抑制能力训练，通过鼓励、表扬、奖励、延迟、忽视、转移、拟人等方法，培养宝宝的承受能力（面对困难、批评、挫折、失败等）、忍耐能力（学会安静、等待、听道理、坚持等）和适应能力（面对新环境、新事物、新刺激等）。

❸ 父母的反应和照看方式直接影响宝宝的自制能力，要多采取鼓励和肯定的态度，对宝宝要温柔和耐心，不呵斥、不溺爱，既要满足宝宝独立的要求，让宝宝自己做事，又要在适当时候提供一些帮助，使宝宝的情绪经常处于愉快、自信的状态。

❹ 2 岁左右宝宝的是非观处于萌芽阶段，开始会评价别人行为的好坏，此时要帮助宝宝学习一些是非观念，培养各种好的行为习惯。

❺ 要多与宝宝交流。多与父母交流的宝宝更聪明，情感和语言方面也比缺乏亲子交流的宝宝发展得好。

❻ 要正确对待宝宝的不良语言和行为，如骂人和打人。先分析原因，如宝宝是模仿别人的行为、表达自己的情绪、打招呼或仅仅是为了好玩等，然后对症下药，既不能听任发展，也不能武断呵斥。

❼ 教宝宝替大人做事，如帮家人拿拖鞋、扇扇子、捶背、拿板凳等，让宝宝从小学会关心家人。

❽ 鼓励宝宝参与家务劳动。宝宝做家务其实是模仿大人干活，如擦桌、扫地、把垃圾扔在纸篓里、摆碗碟、整理报刊等。父母不要怕宝宝添乱而压抑宝宝的劳动积极性，要有意让宝宝来帮忙。

❾ 教宝宝利用身体动作或语言主动向人打招呼，学习问候、使用礼貌用语和自我介绍，从小养成乐于与人打交道的习惯。

❿ 多创造宝宝与其他小朋友交往的机会，教宝宝乐于与人分享东西，别人的东西不乱拿，排队等待，礼貌谦让等，学习相处之道。

⓫ 通过小故事或者用拟人的方法教宝宝学会移情，为别人着想，养成良好习惯，如"你这样摔玩具，那玩具会多疼啊""玩具宝宝想家了，请你把玩具宝宝送回玩具箱吧"。

⓬ 培养宝宝的生活自理能力，不要凡事代劳。鼓励宝宝自己收拾玩具、图书、文具、洗具，培养宝宝的独立性以及讲卫生、有秩序的好习惯。

四、保护和激发宝宝好奇心的策略

❶ 尊重宝宝好奇心的差异和变化，并以此为根据灵活安排早教活动。不同的宝宝以及同一个宝宝的不同时期，其兴趣、需要、爱好可能有较大差异，如有的宝宝喜欢玩娃娃，有的喜欢玩汽车，同一个宝宝有时喜欢玩球，有时却见球就摇头。

❷ 保护、认可与满足宝宝的好奇心。支持宝宝按照自己的方式触摸、操作、摆弄安全卫生的玩具和物品，对宝宝的幼稚或失败之举表示宽容和理解。

❸ 对宝宝好奇心的产生和变化保持敏感，一旦发现宝宝的兴趣动向，应该积极响应，包括提供宝宝感兴趣的图书、玩具，给宝宝进行讲解，带宝宝实地观察和玩相应的角色游戏等，使宝宝的短暂兴趣发展为长期的兴趣。比如，发现宝宝对汽车感兴趣，父母可以给宝宝增添各种汽车模型，观察大街上的各种汽车，讲关于汽车的儿歌和故事，看各种汽车彩图，结合真实汽车简单讲一下工作原理，玩乘公交车的角色游戏，给汽车的轮廓涂色，用纸盒子制作小汽车等等。

❹ 多向宝宝提供新鲜事物，进行科学启蒙活动，激发宝宝对科学最初的探索欲望。可以给宝宝提供放大镜、滤光片、手电筒、小天平、齿轮、玩具电动机、电子枳木、日历、小风车、小沙漏、量筒、磁铁、尺子等，带宝宝做一些简单的实验，如冰的融化、水的沉浮、磁铁吸引，制作树叶标本和风筝等。

❺ 让宝宝能随时看到和接触到书籍，强化宝宝的阅读兴趣。不要忽视宝宝的早期科普阅读，要经常和宝宝一起阅读有科学知识和情景认知的图画，如动物、四季、建筑、海洋、地球、天气、食物、出行等，激发宝宝对广泛事物的好奇心。

❻ 多向宝宝提问，将宝宝的兴趣由事物表层引向宝宝能理解的较深的方向，促进宝宝有兴趣做进一步的观察和思考，如向宝宝提问青蛙的特征、习性、生长等情况，带宝宝观察真实的蝌蚪和青蛙。

❼ 为满足宝宝的探索欲望，多让宝宝接触真实的事物，以获得直接的体验。如果无法接触到真实的事物，如恐龙，可以提供模型、拼图、动画片和比较写实的图画让宝宝来认识。

❽ 采用宝宝喜欢的游戏方式，让宝宝在愉快的游戏中成长。如让宝宝认识桥时，可以用积木搭立交桥、观察并画出拱桥、用吸管或雪糕棒粘贴斜拉桥、用身体模仿各种桥、玩关于桥的音乐游戏、讲关于桥的小故事等，使宝宝喜欢上桥。

❾ 不要过早为宝宝确立某个兴趣发展方向。宝宝的好奇心会经常发生转移，过早强化宝宝的某种兴趣，如绘画、音乐、打球、认字等，都不利于宝宝对更广泛事物的认识和探索。

五、开发宝宝语言能力的策略

1 在宝宝学会说话之前要加强对宝宝的语言输入，即外界的语言刺激（包括口头语、书面语）。要让宝宝多听、多看、多讲、多交流，让其接触各种语言素材。

2 宝宝有同时接受几种语言的天赋，成长环境中可以同时有普通话、方言和外语，不要担心宝宝的吸收能力。

3 不要把宝宝开口说话的早晚与语言能力挂钩。由于语言输出即宝宝开口说话的影响因素很多，所以宝宝开口说话的早晚差异比较大。衡量宝宝的语言能力不是说话的早晚，而是宝宝会说话后的语言表达水平。

4 大约 18 个月时宝宝进入语言爆发期，之后除了保持丰富多彩的语言输入刺激外，还要逐渐加强语言输出的训练。具体做法是为宝宝营造各种语言表达的机会，如多让宝宝复述故事和编故事，鼓励宝宝背诵儿歌和进行儿歌表演，多设一些话题和宝宝交流，多和宝宝一起阅读等。

5 进入语言爆发期后，宝宝对新词汇非常敏感，大人无意中说的词语，宝宝都能记下来。所以这期间大人说话时，一要注意正确用词和礼貌用语，让宝宝学到礼貌、正确的语言；二是要有意识、有计划地增加宝宝的词汇量，可以通过讲故事、背诵儿歌、多讲解、多交流等途径，让宝宝接受大量的新词汇和正确的句法。

6 2 岁左右的宝宝开始进入"词饥"阶段，表现为宝宝的词汇量迅速增加，因此要为宝宝提供更广泛的阅读素材，学习更多的新词汇。

7 宝宝 2 岁后要注意防止和纠正口吃。90% 患口吃的人是从 2 岁时开始的，如果 3 岁之内不能矫正，就会成为习惯而形成病态的口吃。

8 及早让宝宝接触图书，周岁前就要通过玩书和讲故事激发宝宝的阅读兴趣。1 ~ 3 岁时要让宝宝养成阅读图画书的习惯，包括自己翻书阅读，和大人一起进行亲子共读。

9 宝宝每天都要有阅读的时间。生活环境中要放一些图书，方便宝宝随手拿来翻阅。

10 宝宝看电视要适度，习惯看流动的画面会排斥书本的阅读。另外也不要让宝宝只习惯于听故事，这种只听不看也会造成宝宝对书的抵触，不利于今后自主阅读的发展。

11 让宝宝接触丰富的阅读材料，不仅包括各种童话、寓言、传说、成语、古诗，还包括益智故事、幽默故事、百科全书、散文等。

12 如果发现宝宝开始对识字感兴趣，可以和宝宝一起指着图画书上短小的配图文字进行阅读。注意识字并不是目的，阅读才是目的，单纯追求识字量对阅读能力没有太大意义，也不可过早地以文字阅读代替图画阅读。

13 成人阅读的方式会影响宝宝的阅读成效。朗读法是成人声情并茂地朗读书中文字，同时向宝宝指点着图画中的相关细节。对话法即成人对书中内容进行各种提问，引导宝宝阅读和思考。

六、开发宝宝智力三要素（记忆、观察和思维）的策略

❶ 事先给宝宝强调记忆任务，像"注意啊""记住啊"等提示能让宝宝带着任务进行记忆，这样宝宝会有意识地去识记所关注的对象，从而提高有意记忆的水平。

❷ 给宝宝描述需要记忆的事物特征，包括颜色、形状、形象、位置、声音等，作为记忆的线索提示给宝宝，宝宝更容易记住。

❸ 让宝宝对记忆对象产生某一方面如图像、情绪、味道、经历等的联想，也能帮助宝宝去记忆，如圆锥体好像一个蛋卷冰淇淋，则很容易让宝宝记住圆锥体。

❹ 宝宝以机械记忆为主，但如果能理解记忆材料也能加强记忆。因此，把故事内容、儿歌内容、事物的过程和原因等对宝宝加以简单的说明解释，会提高宝宝的记忆效果。

❺ 宝宝以形象记忆为主，对新颖、生动、具有明显感官刺激的事物容易记忆，因此提供给宝宝记忆的内容要尽可能的新鲜有趣。

❻ 熟悉又具有一点新奇的东西最容易吸引宝宝进行观察，提供给宝宝观察的内容最好要生动形象。

❼ 向宝宝强调观察的目的能帮助宝宝专注于观察活动，不易被其他现象干扰。

❽ 2 岁左右，宝宝开始进入主动比较异同的敏感期，家长要有意识地让宝宝观察两个或几个事物之间的异同，引导宝宝从外表、功能、类别等方面进行比较。

❾ 经常带宝宝见识各种各样的事物和活动，开阔视野，增长经验，促进对事物内在关系的理解。

❿ 多向宝宝提各种各样的问题，特别是为什么的问题，鼓励宝宝回答，促使宝宝多思考。

⓫ 经常向宝宝讲一讲见到的各种物品的作用和分属的类别，如看见汽车、自行车、飞机，告诉宝宝这些都是交通工具，可以载人从这里到那里；每天吃水果时，告诉宝宝这些都是水果，水果有营养，让我们更健康。经常提示和重复事物的类别，有助于提高宝宝解决问题和分类的能力。

⓬ 如引导宝宝进行逆向思维、发散思维、求异思维，从不同角度看同一个事物，同时考虑事物的几个方面，这些练习有利于提高宝宝思维的灵活性和周密性。

⓭ 引导宝宝描述事物的主要特征（如猫有哪些特点）和活动的主要流程（如怎么包饺子），锻炼宝宝思维的概括力和条理性。

⓮ 常和宝宝一起玩拼图、积木、迷宫、七巧板、猜谜等益智游戏，开发宝宝的综合智能。

七、开发宝宝运动能力的策略

1 多让宝宝进行各种爬行运动，包括在水平面上的各种爬行，以及向上、向下纵向空间里的爬行，如爬台阶、爬斜坡、爬攀登架等。

2 让宝宝练习上下台阶或楼梯，登梯运动可以使宝宝的平衡能力和腿部力量得到加强。注意观察宝宝什么时候能够不扶栏、自己单腿交替地上下楼梯。

3 宝宝学会跑以后，要和宝宝经常玩一些追逐的游戏，如老鹰捉小鸡、追泡泡、绕圈跑、来回跑、障碍跑等，锻炼宝宝身体的灵活性。

4 让宝宝学习各种跳跃动作，提高弹跳能力和身体灵活性，如双脚跳、单脚跳、连续跳、并脚跳、跳起够物、向后跳、向任意方向跳、跳过障碍物、高处向下跳等。

5 经常和宝宝一起玩球，可以学习投球、踢球、接球、传球、拍球、打玩具保龄球，锻炼宝宝的四肢协调能力。注意让宝宝的左右手、左右脚都有锻炼的机会，并从距离和精确性两方面设定要求，让宝宝的运动能力逐步提高。

6 定期带宝宝去游乐园玩一些游乐设施，如秋千、跷跷板、滑梯、转转杯、平衡木、吊环、摇马、蹦床、攀登架、小隧道、独木桥等。

7 多和宝宝进行亲子运动游戏，如顶气球、吹泡泡、骑大马、爬大山、掷沙包、踢毽子等。

8 去户外活动时，要让宝宝自己走、跑、跳，尽量不要抱着宝宝。

9 2 岁后每天要让宝宝练习长距离走路，并适当加大跑步的距离，这对提高宝宝的身体素质有很大帮助。让宝宝在公园或小区的空地处，特别是在有起伏的缓坡上长距离行走和自由慢跑。

10 经常带宝宝去公园、郊区、野外等地开展家庭户外活动，让宝宝的身心得到健康自由的发展。

八、开发宝宝音乐能力的策略

❶ 经常播放风格多样的音乐作品，包括外国古典音乐、民族器乐曲、童谣、民歌、戏曲、流行歌曲、舞曲等，使宝宝在 3 岁前多积累一些音乐经验。

❷ 给宝宝准备音质效果较好的打击乐器如鼓、手摇铃、圆舞板等，也可以用日常用品自制打击乐器，如饮料瓶里装些豆子就成了沙锤，并用这些乐器和宝宝一起为器乐和儿歌做伴奏。

❸ 让宝宝接触并模仿自然界和生活中的各种声音，如模仿动物的叫声，模仿刮风、下雨、喝汤等声音。

❹ 教宝宝学唱简单完整的童歌，哼唱常听的名曲的调子。最好教宝宝一边做动作、一边唱歌，鼓励宝宝有表情地进行歌舞表演，只要宝宝有兴趣就好，对音调、吐字等不做过多要求。

❺ 经常问宝宝播放的器乐或歌曲的名字，或者问宝宝想听什么器乐或歌曲，锻炼宝宝背记音乐的能力。

❻ 鼓励宝宝即兴歌唱和自由舞蹈，引导宝宝创作部分歌词。还可以给宝宝录音或录像，再播放给宝宝看，激发宝宝的创作兴趣。

❼ 多为宝宝提供在人前唱歌或舞蹈的机会，但不要强迫宝宝进行才艺表演。

❽ 经常和宝宝一起为音乐做伴奏和随乐起舞。定期开家庭音乐会，和宝宝一起表演、唱歌、模仿声音和动作，评选模仿秀明星。

九、开发宝宝美术能力的策略

❶ 美术启蒙教育从出生时就可以进行了。及早让宝宝开始涂鸦，用笔涂鸦之前，可以用手指蘸着水在桌子上涂涂画画。

❷ 鼓励宝宝多进行自由涂鸦。把纸、笔放在宝宝随手可拿的地方，为宝宝创造随时随地的涂鸦机会，但不要让宝宝拿着笔四处走动。

❸ 对宝宝进行适宜的美术引导。只凭宝宝的自由涂鸦是不够的，还需要家长的引导，这会有助于推动宝宝整体绘画水平的发展。

❹ 12 岁是握笔的关键期，在这期间学习正确握笔比较容易。

❺ 可以和宝宝一起描轮廓、添画、画画，体验亲子共画的乐趣。

❻ 鼓励宝宝通过观察画画。把白纸夹在硬板上就是一个小画夹，带着宝宝去社区、公园进行简单的写生，培养宝宝写生的兴趣。

❼ 经常和宝宝玩一玩粘贴、剪纸、折纸和捏橡皮泥的游戏，培养宝宝对美工的兴趣。

❽ 引导宝宝欣赏艺术作品，为宝宝选择有一定审美欣赏价值的图画书，进行美的熏陶。

❾ 带宝宝逛街或参观时，可以问宝宝喜欢什么，为什么喜欢，抓住机会对宝宝进行审美启蒙。家里买窗帘、桌布、装饰画、果盘、衣服等物品时，可以征求一下宝宝的意见，鼓励宝宝说出喜欢的理由。

十、培养宝宝的动手能力的策略

俗话说，"心灵手巧"。灵巧的手是一个人大脑发育良好的标志之一。在大脑中，支配手部动作的神经细胞有 20 万个，而负责躯干的神经细胞却只有 5 万个，可见大脑发育对手灵巧的重要性，而手动作的灵敏性又会反过来促进大脑各个区域的发育。这就是人们常说的"眼过百遍，不如手做一遍"。

指导宝宝做手工，如折纸、剪贴。2 岁半的宝宝可从简单的第一步折纸学起；到 3 岁时可学 2～3 步折纸；3 岁开始学拿剪刀，先学剪纸条，后学剪图形，可以用纸条贴成链条或用方纸贴成花篮等；4～5 岁可以剪更复杂的剪贴和图案。家长可帮助宝宝做多种手工以发展手的技巧。

锻炼宝宝的自理能力，如整理玩具、打扫房间、洗小物品。在日常生活中，父母要刻意培养宝宝自己倒水喝、用筷子吃饭、学习擦桌子或扫地、自己整理玩具、洗手绢等。既培养了手的技巧，也锻炼了宝宝的自理能力。

提供各种结构材料，让宝宝玩结构游戏，如积木、插塑、拼装玩具、橡皮泥、沙石、冰雪等。聪明的父母这时会顺应宝宝喜欢动手的规律，拿来一些废纸让宝宝撕，给一些木头和棍子让宝宝敲，买来蜡笔教宝宝学画画，找一些不用的小瓶小盒让宝宝配盖，为宝宝准备一些积木和自制拼图、橡皮泥、七巧板等玩具，使宝宝动手又动脑。宝宝在动手时学会了技巧和专心去解决问题的能力；拼七巧板、穿珠子、套盒则延长了宝宝的专注时间，培养了独立工作能力。

十一、给宝宝选择图书的方法

0～3 岁宝宝看的图书，应该有所选择，这对从小培养宝宝的兴趣爱好、开阔眼界、增长知识是有帮助的。因而，给宝宝选择图书时，不可盲目，要根据宝宝的年龄和认知能力，选择宝宝能理解、感兴趣的书籍，内容及范围可以随着宝宝年龄的增长而有所变化。

9 个月～1 岁：要选择以彩色图画为主的书，如简单物体图画吸引宝宝注意，认识不同的事物。让宝宝认识一些眼前看不到的东西。在看画片或书时，父母可同时说出画上的物体名称、画片上动物的叫声，让宝宝模仿，练习发音。

1～2 岁：应选择有大幅图画的书，内容能反映宝宝比较熟悉的事物，如房屋、日常用品、动物、玩具等，画面应简单，色彩要鲜艳，并逐渐增加画片中的物品和景色，如树、花等。

2～3 岁：应选择包含简单内容的图画书，反映了宝宝所熟悉的事物或描述了简单有趣的童话故事，或有一些押韵的短句教宝宝跟着念，锻炼宝宝的语言能力。注意：这个年龄的宝宝可能会把书撕破，但对纸、图画书也是最感兴趣的，甚至可以把撕过的书拼起来继续看，并像看新书一样感兴趣。

十二、如何培养具有创造力的宝宝

在日常生活中，我们可以利用一些活动，培养宝宝的创造力，促进宝宝的心智成长。

出生前：0岁教育的秘诀，就是在决定怀孕时，必须注意父母的营养、身心健康；母亲怀孕后，要多接触一些美好的事物，让心灵更充实，心情更舒畅、愉快，因为这些会直接影响宝宝的智力和成长发育。

出生后：根据许多学者的研究发现，妈妈和宝宝之间情感的亲近与否，和宝宝潜能的发挥有关。平时除了与宝宝做身体上的接触外，对其心智方面的发展也要特别留心观察，适时提供最好的协助与辅导。

出生~3个月：当宝宝以哭来表示不愉快时，妈妈要注意宝宝哭的原因。因此，应尽量在短时间内建立起亲子间互相期许的信号。平时，可改变屋内小床的位置，训练宝宝适应环境的能力，或在床边悬挂小东西，给予宝宝视觉上的刺激。此外，也可给宝宝不同的玩具，给宝宝提供自我创造的活动机会。

4~10个月：这时期宝宝的语言能力慢慢增强，可以让宝宝利用眼睛和语言，玩玩较有创意的游戏，而阅读正是一种结合眼睛和语言的视觉语言。目前已有统计资料表明，阅读早是资优儿童的特征，也是增进宝宝创意的泉源。

10个月~2岁：家庭环境在宝宝成长过程中扮演着极其重要的角色。视觉上，可为宝宝布置各种不同的东西。同时，宝宝已能与家长初步沟通，听觉上可以为宝宝提供各种声音，例如动物的、车子的声音。但是有一点必须特别留意，尽量不要让宝宝看太多电视——由于宝宝偏好寻求声音刺激，因此对广告会产生浓厚兴趣，千万不要养成"电视宝宝"。触觉方面可提供给宝宝软的、硬的、粗的、细的等各种不同的感受。嗅觉方面则可多利用日常生活中的东西。

同时，在这段时间可以增加一些思考的活动，并提供一些线索，让宝宝自己找寻答案，另外也可加一些分类、模仿的游戏，让宝宝认识周围环境，以扩充生活领域。

2~4岁：此时的环境应该更富变化，可以逐渐地在生活中加入认知的指导。同时，也可以陆续加强一些自然科学、数学等基本概念。除此之外，也可以让2岁宝宝开始涂鸦了。而这时候家长也会发现，宝宝有很多学习习惯都渐渐养成了。但在这里我们要强调：我们提供给宝宝的是学习技巧和过程，而非内容，因为，我们希望培养宝宝的是一些兴趣，以及解决问题的方法。

同时，我们也要多多利用社会资源，提供给宝宝人与人之间如何相处的知识。

十三、为宝宝安排健脑食物

科学研究证明，婴幼儿可以通过食物来改善大脑的发育。除妊娠期外，宝宝从出生到2岁也是大脑发育的关键时期。在此时期，营养充足就能保证和促进大脑的发育，反之则会影响和阻碍脑的发育。

营养成分中以糖类、蛋白质和脂肪最为重要，脑是人体的司令部，活动最多，要消耗人体能量的1/5～1/4，因此要补充足够的糖类，以供给大脑能量。蛋白质不仅能促进脑细胞数目的增加，而且能促进大脑的生理活动。脂肪是构成脑组织的重要营养物质，对于维持大脑活动有着不可替代的作用。另外，微量元素、维生素等也都是大脑所需的营养物质。

爸爸妈妈应如何安排健脑食物，为宝宝智力发育提供帮助呢？建议注意以下几点：健脑食物应易于被宝宝消化吸收。适合宝宝的健脑食物主要有以下几种：

母乳是最佳的补脑食物，它可以提供大脑发育不可缺少的不饱和脂肪酸，特别是亚麻酸。所以母乳喂养是宝宝大脑发育的重要营养保证。

动物内脏及瘦肉、鱼等含有较多的不饱和脂肪酸及丰富的维生素和矿物质，因此宝宝可适量吃一些动物的肝、瘦肉及鱼等。

水果特别是苹果，不但含有多种维生素、无机盐和糖类等构成大脑所必需的营养成分，而且含有丰富的锌，锌与增强宝宝的记忆力有密切的关系。所以常吃水果，不仅有助于宝宝身体的生长发育，而且可以促进智力的发展。

豆类及豆制品含有丰富的蛋白质、脂肪、碳水化合物及维生素A、B族维生素等。尤其是蛋白质和必需氨基酸的含量高，以谷氨酸的含量最为丰富，它是大脑赖以活动的物质基础。所以宝宝常吃豆类及豆制品有益于大脑的发育。

硬壳类干果含脂质丰富，如核桃、花生、杏仁、南瓜子、葵花子、松子等均含有对大脑思维发展、记忆和智力活动有益的脑磷脂和胆固醇等，因此，可以适量让宝宝吃些硬壳类的干果。

另外，蔬菜、海鲜等食物也有助于宝宝大脑的发育。

健脑食物应适量、全面，不能偏重于某一种或是以健脑食物替代其他食物。食物种类要广泛，否则易导致宝宝营养不全甚至营养不良，不仅影响身体的发育，也会影响智力的发展。

健脑食物的种类及数量应逐步添加，食物种类全面不等于一哄而上，要注意宝宝的特殊进食心理和尚未完善的消化机能。食物要安排得丰富且应经常变换。宝宝对陌生的食物或是特殊气味的食物，如海鲜等不易接受时，家长在增加新的食物时应尽量烹调得可口，色香诱人，并设法说服宝宝，诱导宝宝进食。

附录二：分阶段为 0 ~ 3 岁宝宝选玩具

爸爸妈妈需要注意的是——孩子脑部发展的50%是在4岁以前建立的。宝宝充满创意、好奇心和想象力，他们是天生的学习者。0~3岁这个阶段，声音、颜色及触觉对孩子身体及心智成长有着重要的影响，所以在这一时期，为宝宝选一款既安全又富启智性的玩具是非常重要的。

一件好的玩具，它的功能不仅仅可以启发孩子的智力，训练其触觉、视觉、嗅觉等各种感官功能，还能激发孩子的创造力。但如果父母毫无目标地为孩子添购各式各样的玩具，不仅无法达到教育意义，反而会养成孩子的不良习惯。

不同年龄段孩子的智力发育的敏感期是不

一样的，因此父母在选购玩具时，应该选择适合孩子生理和心理特点的产品。为孩子提供设计有趣、高质素、多元化的玩具，让他们拥有更多的想象空间。

选购适龄玩具

父母可能很想给宝宝买各式各样的玩具来逗他开心，但要注意安全，要选购适龄的玩具。也不要给宝宝选购附有会脱落的小配件、长绳或有锐角的玩具。要定期检查玩具，确定玩具非常安全而且没有出现破损的地方。

及时更换玩具

随着宝宝的成长，要及时更换宝宝的玩具。假如宝宝的小床上固定有转动物品或其他玩具的话，那么在宝宝能利用手和膝直立起来时就要移走这些物体。因为此时的宝宝会将任何东西都塞进嘴里，而且这种情况会持续好一阵子。如果宝宝抓到这些玩具的话，可能会有危险。

多用途玩具是最好的玩具

帮宝宝选择玩具时，要选择多功能的玩具。长远看来，这种玩具比较划算，而且也能让宝宝玩上较长时间。比如塑料小铲子，既可以练习宝宝的抓握能力，又可以作为将来宝宝玩沙子的工具。色彩鲜艳的推土机，既可以让宝宝练习爬行时来追赶，也可以成为日后玩沙、玩水的工具。

适合刚出生宝宝——感知世界

　　刚刚出生的宝宝用自己的独特方式来认识周围的世界：诸如摇铃、床铃；各种声光并茂的婴儿健身架也非常适合在这个阶段开始给宝宝玩耍；这个时候还要为宝宝置备一张舒适的摇椅，它在接下来的各阶段都能继续使用。

适合 3～6 个月宝宝——活泼好动

　　这个阶段的宝宝更加活泼，手眼协调动作发生了，可以做出一些简单而有效的动作，会摇动和敲打玩具，并记住不同的玩具有不同的玩法和功能。此时，可以为宝宝挑选一些软性玩具，如布制积木、毛绒公仔，还有不倒翁。洗澡的时候也是要玩耍的，玩水、玩浮水玩具都非常适合这个阶段的宝宝。另外，让宝宝阅读一些颜色鲜艳、图片可爱的布书也是不错的选择。

适合 6～9 个月宝宝——爬来爬去

　　宝宝的各种动作开始出现有意性，能够独立地坐、自如地爬。身体的移动扩大了宝宝探索的范围，拖拉玩具、鼓等都大大地满足了宝宝的好奇心。此时可以为宝宝选择的玩具包括：各种拖拉玩具、音乐拉绳拉铃、锤鼓、积木等，布书依然是相当好的选择，可以在这个阶段启发宝宝的认知能力。

适合 9 ~ 12 个月宝宝——蹒跚学步

快 1 岁的宝宝能牵着大人的一只手行走，偶尔也能跟跟跄跄地独自走几步；会对感兴趣的事物长时间地观察；喜欢扔东西，大人刚把捡起来的球、玩具等递到宝宝手中，宝宝立刻再把它扔掉；喜欢摆弄玩具，特别是像套塔、串珠架等。这时候的宝宝，可以增加一些运动类的玩具，如小球。另外，这个阶段宝宝的自我表现欲也激增，选择玩具琴、套叠玩具可以非常好地满足这个阶段宝宝的玩耍需求。

适合 1 ~ 2 岁宝宝——活动自如

这时宝宝的运动和感觉能力提高，会模仿做操，和着节拍活动手脚和身体。多数宝宝已经学会了走路，活动能力大大加强。此时可为宝宝置备一些玩具电话、皮球、画板、写字板等；稍接近 2 岁的宝宝，适合玩智力积木、小动物、交通工具、图书等可以提高认知能力和语言能力的玩具。

适合 2 ~ 3 岁宝宝——智力增长

宝宝已经走得很稳了，热衷于"搬家"的游戏，一些心急的家长也开始关心宝宝的智力发育。这时候的宝宝开始有兴趣玩一些智力玩具。此时，拼接、拼搭类的玩具非常适合宝宝；字母、单词、写字板同样适用；逻辑推理类的玩具也开始令宝宝感兴趣了。总之，这个阶段的宝宝需要一个学习的环境。

263

附录三：0～3岁宝宝智能档案

0～2个月宝宝智能档案

感知觉	运动	语言	社会交往	情绪反应
★对亮光和黑暗有反应，眼球的运动不协调，在视线范围内能注视物体 ★听见声音时活动增加并凝视，对苦味和酸味表示拒绝 ★对压力、冷、热有反应 ★存在下列反射：拥抱反射、颈部紧张反射并能伸舌、吸吮、吞咽、咳嗽、呵欠、喷嚏、眨眼 ★当环状玩具或带柄的玩具出现在宝宝的视线范围内时，宝宝能转过头来注视玩具或大人拿玩具的手	★趴着时，宝宝可以挣扎着抬起头并向四周张望，下颌能逐渐离开床面5～7厘米，但抬头时间只有1～2秒，之后头就会垂下来 ★用带柄的玩具碰手掌时，宝宝能握住玩具柄两三秒钟 ★把环状玩具放在手中，宝宝的小手能短暂地举起环状玩具	★偶尔能发出类似"a""o""e"等的元音，有时还能发出"咕咕"声或"嘟嘟"声 ★当和宝宝讲话时，如果大人升高音调、减慢发音速度、加重某些音节或眼睛和嘴比平时大，都会引起宝宝的注意，甚至能够使宝宝微笑	★当有人逗宝宝时，宝宝会做出一定反应，如发声、微笑、手脚胡乱挥动等 ★宝宝有时能短暂地看着妈妈的脸 ★除了妈妈外，宝宝会对其他人，如爸爸或兄弟姐妹微笑	★宝宝兴奋时会摆手、腿，喘气、发出声音，也能以吸吮方式使自己安静下来 ★宝宝视线随着移动的人转，开始喜欢看立体的而不喜欢平面（如图画） ★最重要的刺激仍是抚摸宝宝、与宝宝说话。如果有人和宝宝玩，宝宝会醒得久些，可能会为人"表演一番" ★喜欢洗澡，给宝宝洗澡可使其保持良好的情绪

3～5个月宝宝智能档案

感知觉	运动	语言	社会交往	情绪反应
★ 除了视觉有待发展外，听觉、嗅觉、触觉、味觉发展很好 ★ 能分清爸爸妈妈和陌生人	★ 能够翻身，自己转头 ★ 躺着时，可以用不同的方式滚动身体 ★ 会用一只手够取玩具 ★ 开始拍打视线内的玩具 ★ 模仿能力增强	★ 会和大人"咕咕"地说话 ★ 会模仿不同的声音 ★ 尝试不同的声调和音量来引起他人的注意 ★ 会根据声音和身体语言来表达情感 ★ 高兴时会大声笑 ★ 喜欢听音乐 ★ 知道自己的名字	★ 与人交往的能力增强 ★ 喜欢和大人玩藏猫猫等游戏	★ 会对着镜子中的人微笑 ★ 会根据自己的需要是否得到满足而表现出喜怒哀乐等情绪

6～8个月宝宝智能档案

感知觉	运动	语言	社会交往	情绪反应
★分析记忆力比以前强，一件物品可以唤起以前的记忆 ★当大人用布将积木盖住一大半，只露出积木的边缘时，宝宝能找出被布盖住的积木	★独坐自如 ★双手扶物可站立 ★会在胸前拍手或拿着两样东西相互击打 ★开始玩积木，能将两块积木叠起来	★会发出简单的音节 ★对声音开始关注 ★开始喃喃自语 ★常常会主动与他人搭话 ★听音辨声和视觉观察的能力愈来愈强 ★会用身体语言与人交流，如见到亲人时伸手要求抱、不同意时摇头、有人把他的玩具拿走时还会哭闹	★见到新鲜的事情会惊奇和兴奋，从镜子里看见自己，会到镜子后边去寻找；有时还会对着镜子亲吻自己的笑脸 ★开始观察大人的行为，当大人站在面前伸开双手时，会微笑，并伸手要求抱 ★能听懂、理解大人的话和面部表情，并逐渐学会辨识别人的情绪	★开始学习大人的表情等 ★联想力增强，会因联想起开心时刻而笑 ★对妈妈或者经常照顾自己的人产生了依赖 ★开始认生，出现了害怕、高兴、焦虑、害羞、好奇等情绪 ★赞美他，他会高兴；批评他，他会哭泣 ★知道很多事物的因果关系

9～12个月宝宝智能档案

感知觉	运动	语言	社会交往	情绪反应
★ 懂得物体的恒存性 ★ 能分辨人物细微的差别 ★ 记忆力明显增强	★ 能够熟练地爬行，甚至可以走一两步 ★ 能稳坐较长时间 ★ 拇指、食指能协调地拿起小的东西 ★ 会招手、摆手等动作	★ 叫妈妈爸爸有所指，别人向自己要东西知道给 ★ 会模仿别人的声音 ★ 开始说几个常见物体名称或动物名称，如"灯""猫" ★ 能指认1～2个身体部位 ★ 有时说一些难懂的话	★ 穿衣知道配合 ★ 依恋性增强 ★ 懂得交朋友 ★ 学会了礼貌动作和语言 ★ 对爸爸比较依赖 ★ 懂得"不"，模仿拍娃娃 ★ 懂得和别人分享	★ 会模仿大人的动作和表情 ★ 有很强的占有欲

1岁1个月~1岁3个月宝宝智能档案

运动	感知觉	观察记忆	思维	数学
★ 能举过肩抛小球 ★ 会爬上、爬下台阶 ★ 会一页页翻书 ★ 会拉拉链 ★ 能扶栏两足踏，一级级地上矮台阶 ★ 会插细孔 ★ 会剥糖纸 ★ 会穿较大的木珠	★ 能在黑暗中指出熟悉场所的方向 ★ 能分辨物体的大小 ★ 能认1~3种颜色 ★ 知道上、下、里、外 ★ 理解时间上的先后 ★ 能认3~6种几何形 ★ 会用嗓音模仿更多的声音 ★ 能感知长短、快慢、高低 ★ 会独自套上大、中、小3个套盒	★ 能找出高空中的风筝 ★ 能找到当面藏起来的物品 ★ 能找到图中3~6个相同的事物 ★ 知道2个物品中少了哪个 ★ 能自己翻书找到指定页 ★ 能记住自己把东西放的位置	★ 按要求能对大小、图案等进行分类 ★ 能指出周围某种形状或颜色的一些物品 ★ 知道熟悉物品的用途 ★ 会按衣物所属分类 ★ 见人会称呼	★ 开始认数字 ★ 学习数手指 ★ 能感知1与许多 ★ 开始学习点数3以内的数

语言	音乐	美术	社会交往	生活自理
★ 能看图找到细节 ★ 喜欢模仿各种声音和动作 ★ 开始进入单词句阶段 ★ 会正确翻书 ★ 阅读时有指指点点、牙牙作语想交流的倾向 ★ 能执行简单的语言指令 ★ 能看稍长一些的图画书 ★ 喜欢儿歌表演 ★ 会背诵儿歌中押韵的字	★ 听见音乐会主动打拍子、舞动身体 ★ 会一边哼唱一边手舞足蹈 ★ 喜欢主动探索乐器的玩奏方法 ★ 开始由周岁前的咿呀歌向哼唱歌转变 ★ 能跟着音乐节奏快速、正反向地绕圈走	★ 能控制小手在指定轮廓内涂鸦 ★ 会把橡皮泥压扁和搓条 ★ 学会画封闭曲线甚至会画圆 ★ 会搓纸球 ★ 会在较小的轮廓里画点和线 ★ 能学会自己双手使用胶棒粘贴纸片	★ 开始出现执拗行为 ★ 会用手势或语言向人打招呼 ★ 叫名字会答应或走过来 ★ 知道好与坏 ★ 喜欢与人分享 ★ 做事有一定的专注性 ★ 能够等待一会儿 ★ 很会独自玩耍 ★ 知道衣物是属于谁的	★ 想大小便时会表示出来 ★ 会将脱的鞋和帽放在固定位置 ★ 会脱外衣的袖子、帽子 ★ 会把帽子放头上 ★ 能比较熟练地用勺子吃饭 ★ 有大小便时会及时找便盆坐下

1岁4个月~1岁6个月宝宝智能档案

运动	感知觉	观察记忆	思维	数学
★ 会定向投球 ★ 能收腿走20厘米宽的窄路 ★ 会用勺子托球走 ★ 会小腿夹物走 ★ 跑得比较稳当 ★ 会自己扣按扣 ★ 能自己不扶栏上下较矮的台阶 ★ 能熟练地用勺子舀放乒乓球	★ 能触摸分辨物品的大小和软硬 ★ 能认4~8种几何图形 ★ 能认4~6种颜色 ★ 知道自己的左右手 ★ 能分辨音量相差较大的声音 ★ 会将两块半圆拼成一个圆 ★ 知道图画的上、下、左、右方向 ★ 能对颜色进行匹配 ★ 能够分辨昼夜	★ 会观察并模仿用积木搭小桥 ★ 知道回家的路 ★ 知道在几个相似图形中找到不一样的图形 ★ 能找到更多甚至成人也容易忽略的细节 ★ 能独自表演较短的儿歌	★ 能按姿态、表情等进行分类 ★ 能对少量动物和食物、动物和脚印配对 ★ 能分出吃的、穿的、动物和植物类别 ★ 能从被遮挡的局部判断出全体 ★ 知道"我的""你的""他的"含义 ★ 能根据语言描述事物的特征找出相应事物	★ 能认识数字1~5 ★ 学习数动作如数拍手和登楼梯数台阶 ★ 学习每人分配1个的量 ★ 能目测分辨数量相差大的集合的多少

语言	音乐	美术	社会交往	生活自理
★ 理解故事的能力有所提高 ★ 喜欢阅读，专注力有所提高 ★ 能根据语言描述找到图画上的细节 ★ 会背诵儿歌中的押韵字、句甚至全首儿歌 ★ 进入语言爆发期，出现电报句和简单句 ★ 能模仿更多的声音和动作 ★ 能连续做几个组合动作的儿歌表演	★ 通常是自发地打快速的小节拍，有时能模仿成人打一拍 ★ 随音乐摇摆身体和走圈基本上能合拍 ★ 能跟着大人学唱歌，但旋律和歌词很不清楚 ★ 会在音乐中模仿更多的动作 ★ 对音乐学习的兴趣和专注度进一步提高	★ 会画一连串的圆和单个的圆 ★ 有时会正确握笔 ★ 能有意识地控制画线条的方向 ★ 开始有意识地去看所画的内容 ★ 能在小圆圈处印手指印画	★ 开始喜欢凡事自己做 ★ 知道排队、谦让 ★ 脾气变得比较大 ★ 能独处玩耍很长时间 ★ 开始喜欢为他人做简单的事情 ★ 知道物品有所属，会归还别人的东西 ★ 开始出现打人、抓人等现象	★ 会自己洗手 ★ 开始表现出劳动积极性 ★ 会把鞋套在脚上 ★ 会用勺吃饭 ★ 会把上衣从套头处脱掉

游戏育儿百科

1岁7个月~1岁9个月宝宝智能档案

运动	感知觉	观察记忆	思维	数学
★ 能投球 2 米远 ★ 可以走极陡的斜坡 ★ 能用中指与拇指对捏细小物 ★ 能独立抬腿迈过 25 厘米高的障碍 ★ 学会双脚跳 ★ 会用夹子夹放玻璃球 ★ 会猴爬、坐爬等花样爬 ★ 熟练地走 10 厘米宽的平衡木	★ 听描述能把相应物品从袋中摸出来 ★ 能一次听辨 2 个声音 ★ 能触摸分辨物品的粗细、厚薄和宽窄 ★ 能叠搭 8～10 块积木 ★ 会用两个三角形拼出几种图形 ★ 能分辨最大和最小 ★ 知道刚才、现在、已经的时间概念	★ 可以一次记忆并执行 2～3 个指令 ★ 会在 4 个不同形状和颜色的盒子里藏物找物 ★ 会比较快地学会背诵儿歌、古诗	★ 能根据很少的局部判断出全体 ★ 能根据剪影判断事物 ★ 学习有图片提示下的猜谜 ★ 能对更多不同种类的事物进行分类 ★ 学习拼切分为 2 块的拼图	★ 会用目测法判断 3 以内的量 ★ 会跟着成人一起点数 1～3 或 1～5 个物品 ★ 会 10 以内的正序唱数和倒序唱数

语言	音乐	美术	社会交往	生活自理
★ 更加主动地开口说话 ★ 能与成人对诵儿歌和独自背诵完整的儿歌 ★ 会自己讲画面上的一些内容 ★ 知道大和小是反义词 ★ 会模仿动物大声叫和小声叫 ★ 背诵儿歌、古诗的速度更快 ★ 能更多地用语言而不是指认来回答问题	★ 有时能从头到尾合拍地为音乐进行伴奏 ★ 会左右摇摆着身体同时打拍子 ★ 能跟着大人学打大拍子 ★ 能根据音乐的变化主动调整动作 ★ 能自己唱大半首甚至全首的简单童歌	★ 画出的线条有所指 ★ 自己画后会说出所画的是什么 ★ 会应用简单的线条画命名画 ★ 开始把两个目标连上线以及把目标画圈儿圈起来 ★ 通过观察能大致画出简单静物的特征 ★ 能按实际情况选色涂色 ★ 用水彩笔涂色较匀且少出界	★ 会说"自己"来表达凡事自己做 ★ 有一定自制力，有时能听劝 ★ 受到批评时，会懂得害羞 ★ 会主动使用礼貌用语 ★ 有时能听进道理，有时又很固执 ★ 能主动向客人打招呼并喜欢表现自己	★ 会自己洗手、抹香皂、擦干手 ★ 会脱袜子和内衣 ★ 自己能做到餐前洗手、取餐具、上餐桌、餐后擦嘴 ★ 会自己脱上衣和裤子

1岁10个月~2岁宝宝智能档案

运动	感知觉	观察记忆	思维	数学
★ 会横爬和高爬等花样爬 ★ 能定向投球和踢球 ★ 会用衣夹均匀地夹物 ★ 会五指对对碰 ★ 能独自走直线 ★ 能双脚连续向前跳 ★ 会骑小三轮车 ★ 可以站在20~25厘米台阶上往下跳 ★ 会玩小攀登架 ★ 筷子夹物较熟练	★ 能触摸分辨不同的材质 ★ 会按大、中、小的顺序连线 ★ 开始说出形状和颜色的名字 ★ 能进行大小音量的配对 ★ 能分辨一样大的事物 ★ 能分辨深浅色 ★ 喜欢根据参照图拼摆三巧板 ★ 能分辨2~3米远的声源 ★ 知道早上、中午、昨天、今天等时间 ★ 会自己套10个套盒 ★ 能分辨左右	★ 能在复杂图画中找到更多细节 ★ 能在有视觉干扰的图画中找到指定目标 ★ 凭回忆能指出现图和原图有2处不同 ★ 能复述熟悉的小故事，讲述当天发生的事情	★ 可以进行求异分类 ★ 可以猜出成人做的系列动作 ★ 能走很简单的迷宫 ★ 能拼平行切分成4块的拼图	★ 能认读两位数 ★ 会取2个的量 ★ 能点数1~5个物品，有时能报出总数 ★ 会做3以内的加减法
语言	**音乐**	**美术**	**社会交往**	**生活自理**
★ 能回答各种阅读活动中的简单提问 ★ 会自己从书架上取书阅读 ★ 能讲述常听故事的大意 ★ 喜欢听很细致地描述事物和故事 ★ 会用不同的嗓音模仿不同的形象 ★ 知道更多的常见反义词 ★ 能自己边讲故事边加一些动作	★ 能叉腰随节拍绕圈快速小跑 ★ 能合着舒缓的音乐节拍做几个组合动作 ★ 有时能比较稳定地按一拍子进行伴奏 ★ 会唱几首甚至更多的基本上完整的童歌 ★ 会把其中的几个歌词换成新词	★ 开始会画简单的"蝌蚪人" ★ 能把纸撕条儿和搓球儿玩象征游戏 ★ 会把纸对齐折1~2次 ★ 能不熟练地用儿童剪刀剪直线 ★ 能在比较准确的位置上添画线条和圆圈儿	★ 会用"我""我的"来回答问题 ★ 喜欢玩假装游戏 ★ 喜欢说"不""不知道"，进入说"不"敏感期 ★ 喜欢听别人讲自己的事 ★ 喜欢自己独立做事，但遇到困难易放弃	★ 能自己脱掉鞋子、小靴子 ★ 喜欢帮大人做家务事 ★ 会自己穿袜子和鞋（不要求分左右和拉上后跟） ★ 会自己叠小方巾 ★ 能用勺吃完一碗饭 ★ 会不熟练地用筷子夹菜

2岁1个月~2岁3个月宝宝智能档案

运动	感知觉	观察记忆	思维	数学
★ 能腿夹球连续跳 ★ 会接1米外贴地面滚来的球 ★ 能用小指和拇指对捏细小物 ★ 能更加灵活地跑 ★ 会并脚跳远 ★ 会用脚夹物、抛球和撕纸 ★ 能用小镊子夹细管 ★ 能带球踢入指定目标 ★ 会用各种吸管吸水	★ 能根据实物的形状从袋里摸出相似的几何体 ★ 能拼切分成3块的圆 ★ 能听特征描述从袋里摸出相应几何体 ★ 能根据方位描述找到图画中的位置 ★ 能把四五个物品按粗细排成横队 ★ 能听辨大、中、小3个音量 ★ 能认识红灰、土黄等几种复色	★ 能进行较长时间的观察活动 ★ 能主动回忆三四个事物或动作 ★ 能观察并用积木摆出一些物品或车辆的简单造型 ★ 能一次记忆并执行5条指令 ★ 喜欢主动寻找事物之间的不同之处 ★ 长时记忆又有发展，能再认6个月甚至更长时间以前的物品	★ 会说出多种物品和场所的作用 ★ 喜欢提问题 ★ 能对常见用品根据内在联系进行匹配 ★ 能拼丁字切和十字切的拼图 ★ 会根据自己的分类标准把不同的事物进行归类	★ 会唱数至20以上 ★ 会手不接触物品进行点数1~3 ★ 对5以内集合会点数、目测和用对应法比多少 ★ 分辨两位数准确率比较高 ★ 除进位时需提示，能唱数至40或50

语言	音乐	美术	社会交往	生活自理
★ 对新词语敏感和好学 ★ 开始说疑问句 ★ 能比较流畅地用笔描较宽的曲线轮廓 ★ 会背诵很简单的绕口令 ★ 能在引导下编故事 ★ 能描述事物的特征 ★ 能用形容词"聪明""漂亮""奇怪"等评价人物或事件	★ 2岁后无论是音乐活动还是儿歌表演，动作模仿之前更加准确和协调 ★ 2岁后表演欲更强，喜欢在人前表现，喜欢拿着麦克风在电视机前载歌载舞 ★ 喜欢自编调子哼唱 ★ 有时能完整地为音乐打强弱拍 ★ 能根据音乐比较复杂的变化主动改变自己的动作	★ 能画简单的命名画和观察画 ★ 粘纸的兴趣、持久性和技能比之前大有提高 ★ 能熟练地玩印章画，印痕清晰 ★ 2岁后审美意识出现萌芽，会对简单的形式美发表意见 ★ 2岁后联想力开始萌芽，喜欢把自己捏的极简单的橡皮泥或折纸想象成什么或者进行更多联想	★ 自己很会玩角色游戏 ★ 能做到别人的东西不乱拿、自己的东西与人分享 ★ 感兴趣的事能玩很长时间，很有成就感 ★ 会用语言评价别人和事情，也会用语言表达自己的情绪	★ 继续养成良好的饮食和卫生习惯，继续使用筷子吃饭。能独立吃饭不用喂，穿鞋子能分清左右，会自己洗脸、洗脚。20~30个月时乳牙出齐，能正确地刷牙

2岁4个月～2岁6个月宝宝智能档案

运动	感知觉	观察记忆	思维	数学
★能长距离地走和跑 ★提示下会按序玩穿线板 ★能向前后左右方向跳 ★能单足站立，用另一只脚接住地面滚来的球 ★能每分钟穿4～6颗珠子 ★跳"包子剪子锤"能站稳 ★会伸出食指和中指做剪刀状	★能听辨男女老少说话和唱歌的音色 ★会自己拼切分成4块的圆 ★会拼将人体分成五六个部分的拼图 ★喜欢玩蒙眼走向远处目标的游戏 ★会把5个大小不等的球按序排成一队，边排边说"最大的、第二大的……最小的" ★能隔着布触摸分辨平面图形和几何体 ★说出颜色名字的准确率比较高 ★能描正方形等平面图形的轮廓，有时能画直角	★通过观察和推理能找出图画中的缺块 ★能记住并转述一句话 ★能用积木搭建两层的立交桥 ★能一次按序执行四五条指令 ★能发现更隐蔽的、只露很少部分的目标 ★能在更多的答案中凭记忆指出曾出现的图形	★知道职业与工具的匹配关系 ★会走比较复杂的迷宫 ★能同时考虑肯定和否定两个特征进行分类 ★能看出XY、XYZ或XXY等类型的排序规律 ★会按男女老少对人物进行分类	★认识三位数 ★会取3个的量 ★喜欢玩简单的统计和测量的游戏 ★会取4个的量 ★知道5以内的序数

语言	音乐	美术	社会交往	生活自理
★喜欢主动"瞎"编儿歌、古诗、成语、故事 ★话中开始出现大量的复合句和疑问句 ★能简单地和成人进行一些话题讨论 ★喜欢也能认识一些字 ★学说外语、方言、手语都比较快	★能比较协调地做2个联合动作 ★会做音乐涂鸦游戏 ★在成人提示下，可以比较快速地转换组合动作 ★喜欢和大家一起跳集体舞 ★歌唱的节奏、吐字比之前更清楚 ★专注力增强，能玩3分钟长的一支音乐律动游戏	★很喜欢各种玩色游戏 ★绘画内容较为丰富 ★玩橡皮泥时能控制手部力量，用牙签和直尺轻轻地扎点、压印和切断 ★会边说边画或者事先说出画什么后再去画 ★会画心目中的细节稍多的"蝌蚪人"	★好胜心比较强，喜欢凡事说"我会"，但遇到困难易急躁和放弃 ★对性别了解得更多 ★能了解更多关于自己和家庭的情况 ★开始出现联合游戏，几个宝宝可以共玩一个玩具，但还没有分工协作	★会穿开领衣服（不要求分清正反面）和袜子（拉上后跟），会解开身上的衣服扣子（纽扣和按扣），会自己爬上板凳、坐在放小圈的马桶上，能帮助大人收拾东西如书报、桌面、衣橱等

2岁7个月~2岁9个月宝宝智能档案

运动	感知觉	观察记忆	思维	数学
★ 能站在30~50厘米高处不扶往下跳 ★ 能手脚协调爬更高的攀登架，并会在高处自己转身再下来 ★ 会跟着成人按口令做轻器械操 ★ 能把球投中1~1.5米远的点状目标 ★ 自己能单脚跳起1~2下 ★ 会自己比较灵活地伸双手接住直抛过来的球	★ 能蒙眼赤脚走直线 ★ 能从10个大小不等的圆形中挑出任意指定的一个圆 ★ 能按深浅色将色卡排序 ★ 能按大、中、小或粗、中、细的顺序把物品从袋中摸出来 ★ 能对整点的钟表配对 ★ 知道事物前后侧面不同方向上的形态 ★ 能把三个物品按重量排序	★ 凭回忆能指出现图和原图有3~4处不同 ★ 会独自进行比较长的儿歌表演 ★ 能传递包含2~3个信息的口信儿 ★ 理解记忆和机械记忆大大提高，能记忆大量的儿歌、古诗、汉字和常识	★ 能在没有图片提示下直接猜谜语 ★ 能用语言简单描述事物的特征 ★ 对简单的常识能够判断对错 ★ 知道四季的典型特征并能进行相关的匹配	★ 会比较熟练地描数字 ★ 能按顺序排1~20个数字 ★ 能认整点钟 ★ 有时能写出比较规整的数字

语言	音乐	美术	社会交往	生活自理
★ 能自己背诵简单的绕口令 ★ 会模仿温柔、不耐烦、生气、吃惊等语气说话 ★ 会模仿成人的语气有感情地朗诵表演儿歌 ★ 能自己从头至尾翻看一本图书 ★ 会边看边讲经常看的图画书	★ 2岁半左右开始喜欢歌表演即边唱边表演 ★ 会唱更多的歌，有的能唱十几首 ★ 能和成人一起做有较多情节变化的音乐动作 ★ 能自己完整地唱较长的歌曲 ★ 喜欢自己改动歌词"老歌新唱" ★ 会唱通俗歌曲、英文歌曲，虽然旋律、歌词不清晰 ★ 会跟着乐器伴奏唱歌 ★ 会哼上一小段名曲	★ 能粘贴比较细小的图形，如蜜蜂的黑白眼珠 ★ 能和妈妈一起玩比较精细的捏塑活动 ★ 户外"写生"能画出大致的轮廓	★ 喜欢与人交往和表现自己 ★ 能说出简单的看法和理由 ★ 2岁半后开始关心他人的情绪和事情 ★ 2~3岁是幼儿自我身份确认的萌芽期，喜欢在歌词或故事中换上自己的名字	★ 会穿不系扣的衣裤（能分清反正面和前后面），会叠自己的小衣服，会清洗玩具，能和大人一起照顾盆栽和小动物，能帮助大人洗餐具、对垃圾分类等

2岁10个月~3岁宝宝智能档案

运动	感知觉	观察记忆	思维	数学
★ 能单手投球3米远 ★ 会站在1米左右处扔套圈 ★ 运动中的竞争与合作意识比之前更强 ★ 能跳过10~15厘米高的障碍物 ★ 能单足连续跳4下 ★ 能把球投中2米内的点状目标 ★ 会连续拍几下球	★ 知道3个常见事物的快慢顺序 ★ 能一次听辨3个声音 ★ 能说出一些深浅色和复色的名字 ★ 喜欢玩五巧板,有的能玩七巧板	★ 能观察出更多的事物多了什么或少了什么 ★ 能记住更多故事的细节来回答问题 ★ 对一些细节如位置、程序、颜色、动作等能察觉出变化 ★ 能模仿成人用几块积木搭建造型 ★ 能在两图之间找出更多的不同之处 ★ 能复述较长的故事	★ 能拼切分成9块甚至更多块的拼图 ★ 喜欢出各种题让成人猜和回答 ★ 能自己说出几个事物都归于哪一类 ★ 会对事物进行简单的推理分析,能说出一些原因	★ 能点数10个排成排的物品 ★ 能取5~6个甚至更多的物品 ★ 能看表说出整点

语言	音乐	美术	社会交往	生活自理
★ 喜欢听较长篇幅的故事 ★ 喜欢玩语言游戏如说反话、说叠词 ★ 能感受到儿歌的特殊语言形式如连锁、问答等	★ 能比较协调地和他人一起进行节奏传球 ★ 会有表情地进行简单的唱歌表演 ★ 能跟上节奏快的音乐做动作 ★ 能更协调地同时做上下肢2个联合动作 ★ 能自己根据音乐情境创编几个很简单的动作	★ 会折很简单的折纸 ★ 能画出线条更丰富的涂鸦作品,并讲出画的内容 ★ 会画粗糙的方形和三角形 ★ 能简单说出好看的理由	★ 分不清现实与自我想象,有"说谎"和"胡言乱语"的现象 ★ 能玩简单的合作性游戏,即与他人共玩玩具或游戏,有初步的分工,能遵守简单的游戏规则 ★ 处理人际交往中的矛盾时主要依靠肢体冲突而不是语言交流	★ 吃饭能少撒饭菜,会不熟练地从下往上系扣子,会洗手绢、袜子和娃娃衣服并在大人帮助下晾好,会用纸擦屁股,会收拾自己的东西如小书包、小书架、玩具箱、洗具包,知道一些安全常识(如不和陌生人交往,外出不乱跑,遵守交通规则等)

图书在版编目（ＣＩＰ）数据

游戏育儿百科/艾贝母婴研究中心编著.－－成都：
四川科学技术出版社,2020.6
ISBN 978-7-5364-9812-9

Ⅰ.①游… Ⅱ.①艾… Ⅲ.①游戏课－学前教育－教
学参考资料 Ⅳ.① G613.7

中国版本图书馆 CIP 数据核字 (2020) 第 078630 号

游戏育儿百科
YOUXI YUER BAIKE

出 品 人　程佳月
编 著 者　艾贝母婴研究中心
责 任 编 辑　谌媛媛
特 约 编 辑　王星懿
封 面 设 计　仙　境
责 任 出 版　欧晓春
出 版 发 行　四川科学技术出版社
　　　　　　地址　成都市槐树街2号　邮政编码　610031
　　　　　　官方微博　http://weibo.com/sckjcbs
　　　　　　官方微信公众号　sckjcbs
　　　　　　传真　028-87734037
成 品 尺 寸　190mm×240mm
印　　　张　18
字　　　数　360千
印　　　刷　天津市光明印务有限公司
版次/印次　2020年9月第1版　2020年9月第1次印刷
定　　　价　49.80元

ISBN 978-7-5364-9812-9
版权所有　翻印必究
本社发行部邮购组地址　四川省成都市槐树街2号
电话　028-87734035　邮政编码　610031